# 悲しみとともにどう生きるか



若松英輔
Wakamatsu Eisuke
東畑開人
Tohata Kaito
島薗 進
Shimazono Susumu

a pilot of wisdom

# 目次

# まえがき

入江　杏

「世田谷事件」を覚えておられる方はどれほどいらっしゃるだろうか？　いまだ解決を見ていないこの事件で、私の二歳年下の妹、宮澤泰子《みやざわやすこ》とそのお連れ合いのみきおさん、姪《めい》のにいなちゃんと甥《おい》の礼くんを含む妹一家四人を喪《うしな》った。事件解決を願わない日はない。あの事件は私たち家族の運命を変えた。

妹一家が逝ってしまってから六年経《た》った二〇〇六年の年末。私は「悲しみ」について思いを馳《は》せる会を「ミシュカの森」と題して開催するようになった。「ミシュカ」とは、にいなちゃんと礼くんがかわいがっていたくまのぬいぐるみの名前。さまざまな苦しみや悲しみに向き合い、共感し合える場をつくることで、「ミシュカの森」を、犯罪や事件と直接関係のない人たちにも、それぞれに意味のある催しにしたい。そしてその思いが、共感と共生に満ちた社会につながっていけばと願ったからだ。それ以来、毎年、事件のあった一二月にゲストをお招きして、集いの場を設けている。

この活動を継続することができたのは、たくさんの方々との出逢《であ》いと支えのおかげだ。本書はこれまでに「ミシュカの森」にご登壇くださった方々の中から、六人の方の講演や寄稿を収録したものである。

第一章はノンフィクション作家の柳田邦男《やなぎだくにお》さん。柳田さんをお迎えした「ミシュカの森」は、事件後、初めて世田谷の地で開催した集いだ。柳田さんからいただいた講演タイトル「悼む思い・つながるいのち」は、以来、「ミシュカの森」の通奏低音となった。被害者に寄り添う「二・五人称の視点」がキーワードだ。

第二章は批評家・随筆家の若松英輔《わかまつえいすけ》さん。若松さんとは、ヴィクトール・E・フランクルをテーマとした対談でお目にかかる機会を得た。事件後、一時、本が読めなくなった体験を話すと、若松さんは「自分の中で物語が書かれている時に人は、読めない。読むと書くと同時にはできない。物語がその人の中で生まれている時は、本は読めないんですね」とおっしゃった。対談直後、その年の「ミシュカの森」へのご登壇をお願いした。

「光は、ときに悲しみを伴う〜『クリスマス・キャロル』を読む〜」と題するご講演とその後のトークセッションで、「悲しみは、愛《かな》しみとの出逢いである」と教えてくださった若松さん。事件以来、祝祭の季節を、祝祭として迎えられなくなっていた私が、この集いをきっかけに、「悲しんでもいい。悲しむことは愛すること、生きること」と、顔をあげて語り、クリスマスをまた心から喜びあえるようになった気がしている。


第三章は小説家の星野智幸《ともゆき》さん。ご講演のタイトル「コトバの力〜沈黙を強いるメカニズムに抗して」の背景には、神奈川県相模原《さがみはら》市の障害者施設で起きた大量殺傷事件があった。ほとんどの被害者の方のお名前が公にはならなかった。ご家族はお名前を公にすることを拒まざるをえなかった。

「世田谷事件の遺族です」。たったこれだけのことを言うのに、六年かかった。事件後六年間、母から「決して事件のことを口外してくれるな」と禁じられ、沈黙を守っていた。

事件の第一発見者になってしまった母。母が何より恐れたのは、事件との関わりを世間に知られることだった。遺族となった私たちへの差別・偏見。遺《のこ》された私たちを思っての、母の強い懸念を前にすると、私は沈黙せざるをえなかった。何よりただ一人、四人の亡骸《なきがら》を見た母の辛《つら》さを思うと、私は母の言いつけに背くことができなかった。

その母と私が精神的に訣別《けつべつ》して、自分からの発信を決意したのは、母のある言葉がきっかけだった。「礼くんは亡くなっても仕方がなかった……」。甥の礼は自閉。その障害を告げられた時、当初、受容できずに苦しんでいた妹。その苦労を思っての母の一言だったのかもしれない。当時としては、母の心配は当然のことと思う。甥の行く末に対して、母と一緒にあれこれ余計な心配をしていた私だったのに、母の言葉に突然怒りが降って湧いた。自分でも驚くほど腹が立った。私の剣幕に母は驚いた。「実の娘にこの年になって、叱り飛ばされるなんて」。その直後こそ母は体調を崩したが、ほどなく日常を取り戻した。私は、日々の介護の合間を縫って、母には気づかれないよう発信を続けた。それは、「沈黙を強いるものへの抗《あらが》い」だった。母は私の抗いには気づくことなく、私たち家族に看取《みと》られて静かに逝った。母は私の鏡。私は自分の中の「スティグマ（負の烙印《らくいん》）」に問いかける。

「何をはばかり、畏れて、自らの苦しみや悲しみをなかったことにしなくてはならないのか?」と。

ホームレス支援団体との交流で知己を得た星野さんにこの年のテーマをお伝えしたところ、快諾くださった。このテーマこそ自分が文学と向き合う理由だから、と。

今でも謗《そし》られるのだが、「犯罪被害者の遺族なら、犯罪の被害だけに関心を持てばいい」「なぜ、被災・罹病《りびょう》・自死など、ほかの悲しみに関心を持つのか?」と。「一緒にするな、違和感がある」とも言われた。確かに凶悪殺人事件の背景はさまざまで、それぞれがそれぞれに語るべきことはあるだろう。未解決事件だからこそすべきことも多々ある。ただ、「未解決凶悪事件の犯罪被害者遺族」という世間から与えられる単一のフレームを外してさまざまな問題に接することで、錨《いかり》を下ろしたままになってしまう悲しみから解き放たれた。

事件との関わりを公表することで、多くの出逢いと励ましがあった。逆説的な言い方かもしれないが、「世田谷事件」が、いわゆる「大事件」だったからカミングアウトしたのだと思う。否、そうせざるをえなかったのだ。マスコミにより暴かれてしまった、隠しようもない悲しみ。メディアに取り上げられることもない事件だったら、封じ込めてしまったのではないか？　母を看取った後、母への抗いよりも、愛《いと》しさが一層募った。母の気持ちもよくわかる。わざわざ悲しみを開陳することで、かえって傷ついたり、周囲から孤立したりするくらいなら、迷わず沈黙を選んだろう。事件、事故を問わず、日常にあふれる悲しみを語ることのできる安心安全な場は少ない。

上智大学グリーフケア研究所の非常勤講師を務めている数年前より、グリーフケアという言葉が人口に膾炙《かいしゃ》していくのを間近に見てきた。グリーフとは喪失に伴う悲嘆のこと。悲嘆をもたらす喪失は、決して特別なものではなく日常のものだ。かけがえのない人やもの、関係、事柄を喪って悲しみにある人に、心を寄せることからグリーフケアは始まる。

グリーフケアを通して、私は自分のグリーフだけでなく、さまざまな悲しみを知った。悲しみの共通の水脈の広がりに気づかされた瞬間、悲しみは生きる力に向かっていったように思う。自分の悲しみだけでなく、人が苦しむ姿に寄り添い、耳を傾ける。自分のことばかりに関心を抱くだけでなく、他者の悲しみに思いを馳せる。事件の解決には必ずしもつながらないかもしれない。それでもグリーフケアの学びは、事件に遭遇する前からの、私の根源的な疑問に立ち戻らせてくれた。「何のために人は生きるのか？　自分だけが幸せになるのではなくて、どうすれば世の中がよくなるのか？」

あえて特異性の高い事件の悲しみを語るばかりでなく、日常にあふれる悲しみを話すきっかけをつくれたなら。悲しみは日常のものだから。そう思い続けてきた。

悲しみから目をそむけようとする社会は、実は生きることを大切にしていない社会なのではないか。生きる上で悲しみを避けて通ることはできないからだ。悲しみから学ぶグリーフケア。「悲しみ」は「愛しみ」であることとの出逢い。誰かの悲しみに気づいてそっと手を差し伸べる。悲しみを忌避し、封印するのではなく、悲しみを受け止め、悲しみとともにどう生きるか？

第四章は臨床心理学者、東畑開人《とうはたかいと》さんのご講演を収録したものである。当時、グリーフケアとの関わりの中で、特に若い世代の方たちから「他者に語りづらい出来事から感じる自分のグリーフとどうつき合っていけばいいか」「他者のグリーフにどう寄り添えばいいのか」という質問が続いた。共同体への帰属意識を実感できないことで、孤立化を招きやすい現代社会。つながり合う新たな場づくり、困りごとを気軽に話せるささやかな場づくりを求める声の高まりを感じた。その中で、「限りなく透明に近い居場所〜アジールと隠れ家」のテーマが生まれた。東畑さんの軽妙な語りに引き込まれつつ、「居場所」の意味を考える集いとなった。自発的参加によってつながり、対等に協働していく。出入り自由で、同時に複数に参加、所属ができるという「ミシュカの森」の都市型コミュニティーとしての特徴もより明らかになったように思う。

第五章の小説家の平野啓一郎さんは、「ミシュカの森」に二回お越しいただいている。平野さんの提唱する「分人主義」におけるグリーフケアは、愛する人を喪った時の喪失感を「その人といた時の『分人』を生きられなくなる悲しみ」と捉えた上で、故人以外の人たちとの「分人」を少しずつ増やしていくことが回復につながる、という前向きな考え方だった。

事件以来、「時間が止まったまま」というメディアの常套句《じょうとうく》に辟易《へきえき》していた私にとって、この平野さんの「分人主義」という人間観は新鮮だった。犯罪被害者遺族として一つの役割に収斂《しゅうれん》されることなく、多様な関わりの中で外へ開かれていった。

平野さんは、同じ社会にいる人はみな「準当事者」であるという視点から、日本は犯罪被害者へのケアが不十分だとおっしゃった。

「よく考えてください。被害者のケアを怠っているのは、国だけじゃありません。『準当事者』である僕たちですよ。僕たちは、ニュースで見た犯罪被害者のために、一体、何をしているのでしょうか？」

平野さんのこの呼びかけだけでも、揺さぶられてしまう。「被害者」や「遺族」に対して、「ああはなりたくない」とみなに思わせるほどに、社会のケアは不在だ。

ケア不在の中、個人が悲しみに向き合うことを迫られるなら、悲しむ人は一層、声をあげられなくなるだろう。悲しむ人だけを囲い込んで、悲しみに向き合わせるのではなく、周りの人に悲しみに関心を持ってもらえたなら。

悲しみと向き合い、立ち直るための処方箋や対処法としてのみ受け取られがちだったグリーフケア。個人の悲しみを準当事者としてみなが支え合う社会があるからこそ、十分に悲しめるのだと思う。悲しんでいい。助けを求めてもいい。誰かが悲しんでいる時は、見て見ぬふりをするのではなく、そっと手を差し伸べたい。

とはいえ、私自身、支えられる側から支える側に回ったなどと胸を張るつもりもない。喪失の当事者としての私が、そこから得たものを強調することは今もはばかられる。たとえ、喪失の悲しみを経て、かつての私よりましな人間になったとしても、愛する人たちと一緒にいることに如《し》くはない、といつも思う。もう二度と逢えない。もうあの人たちは帰らない——。だとしたら、その人たちに恥じないように、より善く生きたい、と願う。

第六章は上智大学グリーフケア研究所でもお世話になっている宗教学者の島薗《しまぞの》進《すすむ》さん。本書の締めくくりとして、グリーフケアの基礎概念と歴史、悲嘆の文化の意義や今後の展開などを書き下ろしていただいた。

新型コロナウイルスのパンデミックにより世界中に悲しみがあふれる今、悲しみを通じてこそ得られる経験の次元を大切にする「グリーフケア」への注目が高まっている。グリーフケアには、悲しみのさなかにいる人、それを支えたい人はもちろん、すべての人が豊かに深く生きるヒントが詰まっているのではないか。喪失に向き合い、支え合う中で、「悲しみの物語」は「希望の物語」へと変容していった。悲しむことは愛すること。

本書が「かなしみ」と出逢う多くの人々の心を照らす希望の灯となることを願ってやまない。

**入江 杏**（いりえ・あん）

「ミシュカの森」主宰。上智大学グリーフケア研究所非常勤講師。犯罪被害の悲しみ・苦しみと向き合い、葛藤の中で「生き直し」をした体験から、「悲しみを生きる力に」をテーマとして、行政・学校・企業などで講演・勉強会を開催。「ミシュカの森」の活動を核に、悲しみの発信から再生を模索する人たちのネットワークづくりに努める。著書に『悲しみを生きる力に――被害者遺族からあなたへ』（岩波書店）、『わたしからはじまる悲しみを物語るということ』（小学館）などがある。

# 第一章　「ゆるやかなつながり」が生き直す力を与える

柳田邦男

**柳田邦男**（やなぎだ・くにお）

一九三六年栃木県生まれ。ノンフィクション作家。『犠牲《サクリファイス》——わが息子・脳死の11日』とノンフィクション・ジャンル確立への貢献が高く評価され、第四三回菊池寛賞受賞。著書に、『人の痛みを感じる国家』『壊れる日本人——再生編』『生きなおす力』『僕は9歳のときから死と向きあってきた』『「想定外」の罠《わな》——大震災と原発』『生きる力、絵本の力』『人生の1冊の絵本』など多数。翻訳絵本に『だいじょうぶだよ、ゾウさん』『ヤクーバとライオン』『少年の木』『その手に1本の苗木を——マータイさんのものがたり』など。

## 「ミシュカの森」と私の関わり

世田谷事件が起きた直後の報道に接した時、幼いにいなさんと礼ちゃんまで巻き添えにするとは、何と凶悪な行為かと、私は慄然とした。と言っても、私は事件記者のような取材に取り組んだわけではない。

「現代人のいのちの危機」というテーマ意識で、事故、災害、公害、戦争、病気などの問題に取り組んでいたのだが、犯罪事件についてまでは手に負えなかったからだ。ただ、一九九七年春に、神戸市で起きた少年A事件については、犯行の特異性に直結した少年Aの人格の特異性は、現代の日本社会のどのような闇を投影したものなのかという視点から、家庭裁判所の審判記録などを詳しく調査し、評論を書いたことはあった。

それでも、山一證券事件で会社側の弁護士が被害者に怨《うら》まれ、夫人が殺害された事件を契機に、二〇〇〇年にその弁護士を会長とする全国犯罪被害者の会が発足し、凶悪犯罪の理不尽な時効を撤廃する運動を展開するようになってからは、凶悪犯罪の遺族に対する公的な支援が、十分とは言えないまでも強化されるようになった。

しかし、犯罪犠牲者の遺族は、加害者が刑罰を受け、公的な支援金を支給されたからといって、平穏な日常を取り戻せるかというと、決してそうではない。例えば、病気で大切な家族の誰かを亡くした場合であっても、残された人が喪失の悲しみと辛さを抱えて人生を生きていくのは大変なことだ。まして、不条理極まりない犯罪によって、愛する家族のいのちを奪われた場合、残された人の衝撃、怒り、困惑、悲しみは人生を破壊されたに等しいほど深く大きい。その後の人生をどう立て直すか、そのためのグリーフワーク（悲嘆を癒やす営み）は容易ではない。

私は、全国犯罪被害者の会の活動に関心を向けるうちに、その活動は、単に凶悪犯罪の時効の撤廃を実現して、逃亡加害者に許しは絶対にないという社会をつくる目的だけでなく、遺族が平穏な人生を取り戻せるような温もりのある社会環境の構築を目指しているのだということに気づいた。特に、世田谷事件の遺族として入江杏さんがそのような趣旨の発言を、メディアなどを通じてするようになってからは、私は特にその問題に関心を向けるようになった。

そのような私の問題意識の経過の中で、世田谷事件から八年経った二〇〇八年の秋が過ぎようとしていた頃、入江杏さんから依頼を受けた。「ミシュカの森」という、亡き妹さん一家、とりわけ幼かったにいなさんと礼ちゃんへの思いを象徴的に示すフレーズを掲げて、犯罪被害者の抱える問題について、人々に関心を向けてもらうための集いを立ち上げたいので、事件があった日に近い年末に開く予定の第一回の集いで、スピーチをしてほしいというのだった。

私は、一九八五年の日本航空機墜落事故（五二〇人死亡）の遺族の会である「8・12連絡会」の長い歩みなどを見つめてきたり、一九九五年の阪神・淡路大震災の被災者（特に子どもを亡くした母親）の心のケアの問題を取材したりしていたこともあって、それらの経験を話すのがよいのではないかと考えた。不条理な喪失によって辛く悲しい思いに打ちひしがれている人が生き直す力を取り戻すには、身近な人々はもとより社会が亡き人を悼むまなざしを向けるのを忘れないことや、さまざまな喪失体験者が孤立しないでゆるやかにつながり合うことが、とても大切だということを語りかければ、役に立てるのではないかと考えたのだ。私は、その考えを入江さんに話し、「ミシュカの森」の活動を応援しますと伝えた。

そんな経緯を背景に、私のスピーチは、自分自身の体験をベースにしつつ、そこから学んだ「生と死」と、いのちの本質を語るように心掛けた。以下はその時のスピーチである。

＊

## 絵本はすべての人のためのもの

「ミシュカの森」の集いで、いきなり絵本の話から始めると、違和感を覚える方もいるかもしれませんが、なぜ絵本の話をするのか、その理由は、入江さんが絵本『ずっとつながってるよ　こぐまのミシュカのおはなし』を著しているので、その絵本に寄り添って話を進めたいという思いがあるからです。

私はこの十数年、絵本は現代人あるいは今の日本の社会の中で非常に重要な意味を持っていると思って活動しております。どんな活動をしているかというと、「大人こそ絵本を読もう」「大人と子どもが一緒に絵本を読んでほしい」と呼びかける活動です。今、スマホやパソコンなどのバーチャルメディアが普及する中で、子どもたちの時間が大変に奪われていますが、子ども時代には、生身の人間同士、親子、兄弟、友達と触れ合う中で、生きる力や、他者への思いやりや、人間関係をうまく築く力が育ってくる。絵本はそういう〝心育て〟の特効薬だと思っています。乳幼児期はもちろん、小学生、中学生でも、読み聞かせというものが心の発達や心の再生の栄養になると言っていいほど、絵本の力を実感しています。

池袋の東京芸術劇場で日仏絵本文化交流原画展という大規模な原画展を、つい先日開催しました。たくさんの人に来ていただきましたが、残念なことに子どもを連れてきてくれる人が少なかった。それでも四〇〇〇人ぐらいの方がいらして、少しは火付け役となったかなと思います。絵本に対する大人の認識というものがなかなか広がっていなくて、その一角で一生懸命、火付け役として活動しているわけです。大人も子どもも、絵本は言葉が発達していない幼い子どものものという目で見てしまう。小学校五、六年や中学生くらいになりますと、絵本を低く見て、絵本から離れてしまうというのはとても残念なことです。

その日仏絵本文化交流原画展にちなんで、フランスから識見の高い編集者と、私が翻訳した『ヤクーバとライオン』、これは戦士になるにはライオンを殺さなければならないという村のしきたりに反してライオンを殺さない若者の真の勇気を語る素晴らしい絵本ですが、その原作者であるティエリー・デデューさんという作家を招いてシンポジウムをしました。その中で、編集者の方がフランスの有名な絵本編集者の言葉を紹介しました。

子どものための芸術というものはない。
芸術はすべての人のものである。
子どものための絵本というものはない。
絵本はすべての人のためのものである。

芸術論、絵本論の本質を突く言葉だと思いました。

**自死した息子の心と『よだかの星』のよだかが重なった**

絵本は子どもの心にも、大人の心にも響くものです。私自身がそのことに気づいたのは、もう十数年前のことになります。私は二五歳の次男を喪ってからしばらく呆然《ぼうぜん》として何もできなくなっていた時、最寄り駅の本屋さんの絵本コーナーに気がつけば立っていました。そこには私の息子が幼かった頃に一生懸命読んでやったいくつもの絵本がいまだに平積みになって置いてある。素晴らしい絵の新しい絵本もたくさん並んでいる。ものすごい懐かしさと、私の人生と、子どものいた日々のことがこみあげてきて、思わず新しい絵本を五冊も買って帰ってきてしまいました。

その中で、宮沢賢治の絵本が特に心に響きました。宮沢賢治作の『風の又三郎』という絵本では、昭和初期の頃のおんぼろ校舎や絣《かすり》の着物に下駄《げた》を履いた子どもたちの姿が、私の少年時代にすぐ重なって、懐かしさを感じたこともあって、物語の内容にぐいぐいと引き込まれました。それ以上に心を揺さぶられたのは、『よだかの星』でした。よだかは醜いがゆえに鳥たちからも誰からも相手にされず、馬鹿にされ、疎外され、ついに、天に向かって飛び続け、星たちに救いを求める。すると、オリオン座からも大犬座からも、「ここはおまえの来るところじゃない」と追い払われて、とうとう墜落する。よだかは最後に力を振り絞って、再び天空高く、昇って、昇って、昇っていくうちに息絶え青い光となって静かに燃え続ける。これは現代における疎外と孤独の問題を見事に描いた絵本だと、心を揺さぶられました。これはカフカの小説に匹敵すると。

心を病んでいた息子のことを思うと、よだかの生涯が重なりました。やはり実体験として喪失感、死別感を持った時、絵本の物語の深みは全く違うものになります。頭の中で理解するだけでなく、全身を揺さぶられるような喪失感が迫ってくる。そのことが絵本というものを見直す決定的なきっかけとなりました。

今の世の中、大人も子どももおかしくなってきている。そういう時代だからこそ、絵本というものを見直すことから再出発のきっかけを見つけてはどうか。大人も、心の潤いを取り戻さなければならない。そういう思いで、「大人も絵本を読もう」と活動してきました。それはまた、自分のためでもありました。私自身も、そういう視点で絵本を読んでみますと、どんどんどん絵本が積み重なってきて、今やもう足の踏み場もないくらい、私の書斎は絵本であふれております。人生でさまざまな喪失感や悲しみや辛さを経験するほどに、数え切れないほど新しい気づきを絵本からもらいました。

## 『星の王子さま』は悲しみの文学

息子が亡くなる二ヵ月前、一九九三年六月のことでしたが、私の誕生日に一冊の本をプレゼントしてくれました。それは岩波書店から出版されたばかりの、今どき珍しい箱入りの世界児童文学集の第一巻『星の王子さま』（内藤濯《あろう》訳）でした。サン＝テグジュペリの『星の王子さま』が新しい装丁で刊行されたんですね。私はサン＝テグジュペリの文学が好きで、『星の王子さま』はもちろんのこと全集を持っていますが、新しい本の装丁と挿し絵の美しさから、「親父《おやじ》は『星の王子さま』が好きだから二冊あってもいいだろう」と言って息子が買ってきてくれたのです。息子が亡くなったのはその二ヵ月後でした。

その本を息子の記念碑として私はずっと本棚に飾っていたのですが、絵本に眼《め》が開き、さまざまな絵本を読み直すようになったある時、ふと、その『星の王子さま』を読み直してみました。そうしたら、そこから本当に息子の声が聞こえてくるようでした。随所からいろんなことがじんじんと胸に響いてくるんです。今まで読んだ『星の王子さま』とは全く違うように読めました。

例えば、王子さまが「かなしいときって、入り日がすきになるものだろ……」という場面。王子さまの星はあまりに小さい星なので、椅子をちょっとずらすと夕日を追いかけることができて、四三回も椅子を動かしたこともある。その話を聴いていた物語の主人公のぼくは、サン＝テグジュペリ自身でもあるんでしょうけれど、「あんたは、ずいぶんかなしかったんだね？」と聞き返す。しかし、王子さまはなんとも言いませんでした。私の胸にじいーんと染み渡りました。そうだなあ、本当の悲しみというのは言葉にはできないよなあ、この文学は悲しみの文学なのだなと気づかされました。

やがて王子さまは砂漠に降りてきた一年後、自分の星に帰るので、ぼくとお別れすることになります。その別れの前に、王子さまはこう言うのです。「ぼくんちは、とてもちっぽけだから、どこにぼくの星があるのか、きみに見せるわけにはいかないんだ。だけど、そのほうがいいよ。きみは、ぼくの星を、星のうちの、どれか一つだと思ってながめるからね。すると、きみは、どの星も、ながめるのがすきになるよ。星がみんな、きみの友だちになるわけさ」と。

自分の息子がいなくなったあとにこの文章に触れた時、人生を歩み出したばかりなのに、いのちを絶った息子の親としての無念さや辛さや喪失感にとらわれていたところから脱《ぬ》け出すような感覚がはたらいて、気持ちが外に向かって開かれ、世の中のすべての子どもたちに対する愛おしさ、分け隔てなくかわいらしく思う気持ちがあふれてきたんですね。すべての子どもたちに、幸せになってくれよ、まっすぐ育ってくれよと願わずにはいられない。保育園に行っても、小学校に行っても、すべての星が輝くようにすべての子どもたちが輝いてほしいと切に願う気持ちが湧いてきたのです。あぁ、サン＝テグジュペリはこういうことを語っているんだなと気づきました。

そうした気づきというのは、ただ楽しみとして、文学あるいは童話を読んでいるだけでは訪れないものです。自分の中に何か切羽詰まったものがあり、その実体験と重なるものがあって、実感的に迫ってくるものがあると、体が揺さぶられるような感じで、全身でわかるものがある。

## 脳死状態の息子との十一日間の無言の対話

かけがえのないわが子の死というものは、一般的な死と全く違う衝撃性がありますね。なぜ家族の死は、一般の死と違うのか。その違いを理解するには、生と死の人称性という視点が必要です。

生と死の人称性というものが、とても大事だと私が気づいたのは、息子の死によってです。自らいのちを絶とうとして心肺停止となった息子を我が家で私が見つけ、救急車で搬送された近くの大学病院の救命センターで、息子は心肺蘇生術《そせいじゅつ》を施されました。心臓は動き出しましたが、意識は戻りませんでした。人工呼吸器の力を借りて十一日間過ごして、最終的には心臓の機能が低下して死が訪れました。

その十一日間、ベッドサイドで私は息子と無言の対話を際限なく続けていました。彼はさまざまなことを問いかけてくる。「親父は作家で物書きだろう。人に何かを伝えているのだろうが、本当の人間の心の奥深くにあるものを見ているのか」。私は本当に頭をガツンと殴られたような思いで、必死にその答えを見出《みいだ》そうとしていました。そういう時間が過ぎていく中、自分自身があまりにも科学的、あるいは知識レベルで物事を考えてきたことにはっと気づかされました。

脳死一つにしても、そうです。一九八〇年代から賛否両論で論争され、私もたくさんの脳死関連の本を読み、脳神経外科の専門家の話を聴きました。脳死状態とは脳が機能停止、しかも不可逆的に機能停止になった状態のことで、早ければ数日、遅くとも二週間くらいで心臓も止まってしまう。こういう状態を生とするか死とするかは生命の根源に関わる非常に難しいところなのですが、アメリカの医学者の論文に端を発して、一九六〇年代末に、脳死を人の死とするという考え方が出てきました。すでに本人の意識も感覚もなく、全体を有機的に統合する脳の中枢機能も全部失われているのだから、その人は死んだと診断するべきで、そういう人の健全な臓器をほかの病む人に提供したほうが、社会的に意味がある。いのちのリレーとしての臓器移植という考え方も出てきました。つまり、脳死は人為的に決めた死なのですが、確かにある妥当性は持っているわけです。もうこちらに戻ってこない、意識も感覚もない、ある時間のうちに心臓が止まる。人工呼吸器によって人工的生命現象を続けている状態であるわけですね。

それに対して、仕方ないだろうなという気持ちを私も持っておりました。決して積極的に支持するわけではないけれど、今の時代、そういうことであるならば、仮に自分が決めなければならない立場になったら、「もういいですよ、人工呼吸器はずしていいですよ」と言うだろうと思っておりました。

ところが、肉親の脳死の実際は全く違ったものでした。目の前に脳死状態の自分の息子がいて、人工呼吸器の力を借りているとはいえ、血色がよく、排泄《はいせつ》をし、看護師が朝な夕なに口をすすいでくれて、ひげを剃《そ》り体を拭いてきれいにしてくれる。もっと大事なことは、私に対して、そこにいる肉体が語りかけ、輝いている。「親父は作家として何を見ているのか」としきりに問いかけてくる。この会話は私にとって人生で最も貴重な時間でした。科学的には、「脳の機能が低下した人が言葉を発するわけないじゃないか、質問してくるわけないじゃないか」と言われるでしょう。ですが、そういうものではない。人生を、生活を、共に歩んできた大切な息子を前にすると、そんな理詰めでは解決できない問題が迫ってくるわけです。そうするうちに、脳死を人の死だと認めていたこと、自分が頭の中で考えていたことが吹き飛びました。かけがえのない時間、かけがえのない肉体がここにある。これを死体と見ることができるのか、という根源的なことに気づきました。

**専門家の科学的で客観的な冷たい意見にショックを受ける**

私は、厚生労働省で、脳死状態で臓器を提供する人に対する医療行為の検証作業の委員もやってきました。それぞれ、本人、家族の思いがあっての決断に対し、否定はしません。

しかし、臓器提供をすべての人に半ば強いるということには疑問があると思います。

私自身が脳死状態の息子と会話をしていくうちに、やはり、これも生きている一つの時間ではないかと感じたのです。そして、生きているということの根源的な意味や、作家活動の意味を考えさせてくれたのは、その時間があったからなのです。その時間をもたらす脳死状態の息子の体。それは死体ではないのではないか。もし死体だと納得することができたのなら、ただちに処置室に搬送して健全な心臓を取り出すことに同意したはずです。ただ当時はそういう法律がなく、心臓などの臓器移植はできなかったということもありましたけれども、脳死判定をしたからといって、私はすぐに死体扱いにして臓器を取り出すことに同意しなかった。そのおかげで、私の人生を決定的に変えるぐらいものすごく貴重な時間と気づきをもらえたのです。その貴重な、しかし微妙な問題は、本当に体験した人でなければわからないことだろうと思います。

自分自身がそうした体験をしている時に、脳死関係の専門の学会の先生に会ったり、学会の講演を聴いたりしましたが、そういう場での専門家の発言は非常に冷静で客観的で科学的なわけです。「どうして日本では臓器を提供しないのか」「どうしてそんなに死んだ体にこだわるのか」「日本人は奉仕の精神に欠けている」「脳死を人の死と認めない看護師もいるようだけれど、そんな看護師は看護師じゃない」などと、堂々と言うわけです。私はショックを受け、残念な思いをしました。

自分のこととして体験した人と、ただ専門的に学問としてやっている人の違いは大変に大きい。こういう問題というのは、行政においても、あるいは犯罪捜査においても、社会のさまざまなところで専門家が陥りやすい落とし穴であることに気づきました。

## いのちや死には人称性があり、誰の死かによって死の意味は変わる

脳死状態の息子のベッドサイドでさまざまな思考をめぐらすうちに、脳死を「死」と認められない自分と、「脳死は人の死」と言い切る医学者との違いは、一体何に由来するのかということを考えるようになりました。その問題に答えを見出すことができたのは、息子の死後やや経ってからでした。それは、誰のいのちの死なのかという、死の人称性の問題です。

「一人称の死」とは「私の死」のことです。例えば、がんの末期に思い残しがないように

自分はどうすればいいのか、ということを考える。自分なりの人生の美学というか、やっておきたいこと、何かを遺したいということに専念して、それを達成した時に、ある納得感を持ち、いつお迎えが来てもいいと思えるようになる。一方で、それができない無念の死もある。また、いよいよ死ぬ時には、無理な延命治療はいらない、安らかに旅立ちたいというのも、一人称の死の問題です。

「二人称の死」は、大切な家族や恋人の死です。人生を共有する間柄では、その人が死に直面した時に、医療者とは違った立場で、愛するその人がよりよい死を全うできるように可能な限りケアや介護をする。そして、その人が亡くなると、遺された人の心には、ぽっかりと空白ができてしまう。その人を愛すれば愛するほど、空虚の大きさを抱えながらどう生きるのかというグリーフワーク、悲しみを癒やす心の営みが残ってしまう。愛する人を喪った側の心の中のもう一つの死、「二人称の死」の辛いところです。

三人称の死は、彼、彼女、知人、友人や無縁の人の死です。親戚の人や赤の他人の死は、心は痛むけれど、自分の人生が壊れるほどの痛みではない。まして、遠い外国での見知らぬ人たちの出来事であれば、全く痛痒《つうよう》を感じないで、その日、お笑い番組を見たり、ごはんを食べることもできる。

一つの死であっても、誰の死なのか、その人称性によって衝撃や悲しみがずいぶん違ってくる。毎日、テロで一〇〇人死んだ、五〇人死んだとニュースで知っても、我々はそれによってその日ごはんを食べることができないほど心が痛むことはない。五〇人といえば大変な数です。例えば学校の一クラスが三〇人だとしたら、クラス全員が亡くなる。でも、それがはるか地球の彼方《かなた》の出来事であれば、自分の子の死のようには痛みを感じない、これが人間の心の不思議さでもあります。

## 法律も行政も〝二人称の死〟を視野に入れてほしい

入江杏さんは、一緒にお住まいになっていたも同然の、隣に住んで身近に人生を共有してこられた妹さん一家を突然喪ってしまう。しかも、受け入れがたい不条理な凶悪犯罪というかたちでいのちを奪われてしまう。そういう場合の、心の中に残された空洞、大切な人たちを喪った空洞、そして、殺した人間への怒りもあり、その後の日々の大変さは、想像するに余りあります。これを乗り越えて生きていくのはものすごく難しいことです。

三人称の立場で事件を見ていると、それがどんなに辛く悲しい死をもたらした事件であっても、それに対して冷静でいられる。専門家は科学的あるいは法律的な根拠を持つ客観性のある捉え方をするので、冷たい視点になってしまう。そうした問題を社会的に何とかしなければいけない、ということに私は気づいてきました。

先ほど言いましたように、息子の死を前にした私は、脳死を平然と語る三人称の医師の視点ではなくて、死にゆく人を見守る家族の立場、二人称の立場の人間です。

脳死に関しても、率先して臓器を提供する人はいて、それはそれでいいと思います。私はその行為に反対はしないけれど、それができない人もあたたかく見守られなければならないと思うのです。また、臓器提供後のレシピエント、つまり、臓器提供を受けた側のその後の状況についても、提供した側に礼儀を尽くして報告されるということがきちんと保障されなければいけない。

臓器移植法が一九九七年に成立した当時、しばらくは脳死からの提供者がなかったのですが、一九九九年になってから臓器提供者があらわれ始めて、現在（二〇〇八年時点）累計で八〇人くらいです。臓器提供のあり方については、厚労省の検証会議で一例ずつ仔細《しさい》に検証する中で、問題点を抽出し、脳死判定から臓器提供の意思確認（本人の生前の意思、家族の関係性と同意）、さらに移植後のレシピエントの状態の提供家族への報告などについて、私を含めた委員からの提言で、実施細則ともいうべききめ細かな提言をして、制度を決めてきました。このように二人称の死ということをきちんと視野に入れた制度をつくることが、法律においても、行政においても、公害被害者の救済問題や、肝炎ウイルスの感染者の医療補償の問題においても、行われなければいけない。少しずつ採用されつつありますが、まだまだだと思います。

## 被害者に寄り添う「二・五人称」の視点

そういう時に、専門的職業人である裁判官や医療者などが持つべき視点として「二・五人称」というキーワードをつくりました。自分も二人称の立場になって寄り添うとなると、あまりにも過剰に寄り添い過ぎて、感情を同一化してバーンアウトしてしまう。かわいそうと思うあまり公平性や客観性を失って、支える側も倒れてしまう。医師であれ、法律家であれ、かわいそうだと涙を流すだけでは正しい判断ができなくなってしまいます。

例えば、終末期医療でホスピスに勤める看護師の中には、挫折する方がいらっしゃる。死に直面した患者さんのケアにあまりにも自分の全身全霊を尽くすものだから、亡くなられた時の喪失感が大き過ぎる。ホスピスなので亡くなっていくことが前提で、その行為には外科医が手術をして治すような喜びの達成感はない。患者さんが亡くなられると、「一体、自分は何をやっているんだろう」と意味を問う。これが繰り返されるうちに、鬱に陥ってしまうことも少なくないんですね。ですから、感情移入にはあるところで踏みとどまることも大事なんです。踏みとどまるとはどういうことかと言いますと、専門家としてきちんとやるべきことをわきまえ、「これはこういうふうにすればいいんじゃないか」と専門家として判断し、そのことを相手に丁寧に伝えるということです。

二人称では感情が入り過ぎる。かといって、三人称では冷たくなる。例えば、薬害肝炎事件でウイルスに感染した人の名簿は、製薬会社から提出され厚労省が保管している。四一八人もの肝炎ウイルスの感染者名簿を、役所の担当者は「数表」と呼んで、単なるリストとして扱っていました。そして、いつの間にか地下の倉庫に収納され、そのうち行方不明になってしまった。感染症による被害者が裁判で訴えても、厚労省は何も把握していないと責任逃れの弁明をしたのです。ところが、調べさせたところ、地下に名簿があることがわかった。もし、その名簿の中に自分のつれ合いなり、子どもなりの名前が入っていたとしたら、そんなことはできないはずです。自分の子が感染症患者として名簿に入っていたら、ぽんと置きっ放しになんかしないですよね。知らん顔ではいられない。ところが、人間というのは、三人称の関係になると、平気で名簿を投げ置くくらいのことをしてしまう。まさに行政の対応がそうでした。固有名詞の持つ重みを感じない。

水俣病《みなまたびょう》では、重症の患者さんが家の中で壁にぶつかり、柱にぶつかり、のたうちまわる。初期の頃は原因がわからない。風土病かもしれないといわれて、チッソの工場廃液による水銀汚染はそのまま放置され、苦しみ抜いて死ぬ患者が続出しているのに、政治も行政も被害の拡大を止める対策に取り組まなかった。三人称の視点というのはとても怖いものです。権力を持ち、行政を左右するリーダーたちがどういう意識で関わるかは、人のいのちを左右することです。

そこで、被害者に寄り添う視点を加えた「二・五人称の視点」というものを、これからの時代のキーワードにしなければいけないと、私は一〇年来、叫んできました。

それを集大成したものを、大学の医学部の授業や裁判官の研修で取り上げてもらったこともありますが、まだまだです。二〇〇五年に翌年の「水俣病五〇年」を迎えるにあたって、環境大臣懇談会が設けられ、一年半にわたり今後の行政のあり方について議論しました。私が起草委員になってまとめた提言書には、公害対策における行政の「二・五人称の視点」の重要性などについてしっかり書き、閣議にも報告されました。しかし、公害関係法の第一条に「二・五人称の視点」の重要性を書くべきだという画期的な提言をはじめとするさまざまな提案は、ぽんと棚積みにされてしまいました。提言書には国家公務員たるものの第一の心得としてそういうものを書き込んでほしいということを記したのですが、役所は全く関心を向けませんでした。

## 「意味のある偶然」から生き直す力をつかむ

私はこうしたさまざまな活動の中で犯罪被害者の何人かの方々ともお会いしました。生き方を探し、生き直す力をつかんだ方のお話はとても感動的です。

例えば、一九九七年春に神戸で起きた少年A事件で、幼い彩花ちゃんを喪ったお母さんの山下京子さんは、外にも出られないような辛い日々を送っていました。秋が来て、久しぶりに自治会の集まりに出ました。家に帰る途中、何か声が聞こえたので、思わず空を見上げると、まるい月が見下ろしている。見つめているうちに、月が彩花ちゃんの顔のように見えてきて、彩花ちゃんの声が胸に響いてきたというのです。「お母さん、私は大丈夫。だから、もう人を憎まんでもええんよ」と。驚いた山下さんは、家に飛び込んで、ご主人に「写真を撮って」と頼んだそうです。現像してみると、五枚のうち四枚までは真っ暗な空に光る点があるだけ。普通のカメラですから、本当にお月様が点になって撮れているだけでした。けれども、一枚だけ、煌々《こうこう》と黄金色に輝いた月がハートか胎児のような形に写っていたそうです。山下さんは、天の彩花ちゃんに会えたことで、憎しみと怨みの感情ばかりの中から脱け出して、少しずつ温かい心を取り戻して生き直すことができるようになったというのです。

この話は科学者が聞いたら、「それは幻覚に過ぎません」と言うでしょう。だけど、彩花ちゃんの声と顔に触れたことは山下さんにとって生きる上で決定的に大事な経験なんですね。これを、臨床心理学者の河合隼雄《かわいはやお》先生は、「意味のある偶然」という言葉で捉えています。意味のある偶然とは、何の科学性も論理性もないけれども、その人が生きる上では、決定的に重要な不思議な体験なのです。その人自身が、何かを必死に求める、生きようとする、模索する。そうした姿勢があると、偶然、向こうから何かがやってくるという不思議な現象が起こるのです。

私自身も、「意味のある偶然」を経験しています。次男の遺体を家に連れて帰って居間に安置した時に、長男が何気なくリモコンでテレビをつけたら、切々としたバイオリンの音が響いてきました。バイオリンソロの咽《むせ》ぶような響きは、バッハの『マタイ受難曲』のアリア「憐《あわ》れみ給《たま》え、わが神よ」の旋律でした。テレビから流れていたのは、タルコフスキーの映画『サクリファイス』のエンディングのシーンでした。タルコフスキーの『サクリファイス』は次男が大好きな映画で、何度となくビデオで観《み》ていた映画です。バッハの『マタイ受難曲』は私も息子と一緒にドイツの聖トマス教会合唱団の来日演奏会を聴きに行ったこともあります。

よりによって、その『サクリファイス』の『マタイ受難曲』が、なぜこの日、この時、テレビのスイッチを入れた途端に流れてきたのか……。何の脈絡も因果関係もない、全くの偶然の出来事なのです。しかし、その瞬間、息子に神の救済の手が差し伸べられたように電撃的に感じました。

人間が生きる上でそういう経験があると、それをきっかけに人生が変わっていく。自分が消滅していくような感覚でいたところから、生きるのを支えてもらえるという感覚が全身に染み渡り始める。そういう切り替えの瞬間があるのです。

自分自身を見つめ、自分が必死になってもう一度生き直さなきゃならないと切実に思う気持ちになってくると、感覚が研ぎ澄まされ、何か不思議なことに出会うと、敏感に反応するのかもしれません。自己否定的になったり投げ出したりするのではなくて、何とか生きよう、何とかしよう、そう思う気持ちを捨てないでいると、「意味のある偶然」に遭遇することがあるのではないかと思うのです。

## 亡くなった人たちが、人をつなぐ役割を果たしてくれる

入江さんは、事件現場となった世田谷の地に、今まで帰ることが辛くてできなかった。何かの催しをすることが辛かった。しかし今日は、世田谷区内のこの場所で、初めて催し

を企画されたということです。この催しにたくさんの方が集まって、耳を傾けてくださっている。そのこと自体が、今後の入江さんの生きる力になるに違いないと思います。人は亡くなっても魂は亡くならない。精神性のいのちというものは、肉体のいのちとは異なる永遠性の要素を持っています。精神性のいのちは、肉体が消滅しても消えないで、人生を共有した人の心の中で生き続ける。それゆえに亡くなったあとも、残された人に、生き直す力を与えてくれたり、心豊かに生きる生き方を気づかせてくれたりするのだと思います。しかも、悲しみや辛い経験をしたことで、他者の悲しみや辛さを理解できるようになり、人とのつながりを広めることができるようになる。

人は一人では生きられないといわれます。辛いことを経験した人も、人とのつながりを持つことで、生きていく力を取り戻すことができる。それは人間の精神性のいのちがあればこそだと思います。そして亡くなった人も、精神性のいのちが生き続けることで、これからを生きる人々をつないでいく、とても大事な役割を果たしてくれるに違いない。私はさまざまな出会いの経験から、そう思っています。

# 第二章　光は、ときに悲しみを伴う

若松英輔

**若松英輔**（わかまつ・えいすけ）

一九六八年生まれ。批評家・随筆家。東京工業大学リベラルアーツ研究教育院教授。慶應義塾大学文学部仏文科卒業。『叡知《えいち》の詩学――小林秀雄と井筒俊彦』にて第二回西脇順三郎学術賞、『見えない涙』にて第三三回詩歌文学館賞、『小林秀雄――美しい花』にて第一六回角川財団学芸賞、第一六回蓮如《れんにょ》賞を受賞。

## クリスマスの意味

今日は、「光は、ときに悲しみを伴う」というタイトルで、クリスマスが近づくこの時期に、一九世紀イギリスの作家チャールズ・ディケンズが書いた小説『クリスマス・キャロル』をめぐって話をしたいと思います。

まずはじめに申し上げておきたいのは、クリスマスはイエス・キリストの生誕を祝う日ということになっていますが、一二月二五日は、実際にイエスが生まれた日ではないのです。そう言うと驚く方もいらっしゃるかもしれませんが、現在では、イエスの生まれたのは冬ではなく、春から秋にかけてのある時だった、と考えられています。

では、一二月二五日というのはどんな日だったのかといいますと、もともとは異教徒たちの太陽神の祝日だったのです。キリスト教徒にとっては、キリストは心に輝く太陽であるということで、ローマ時代にこの日がキリストの誕生日になったといわれています。心に光が射《さ》す日、それがクリスマスというわけです。

ですから人は、一二月二五日に限らず、別な日にも心に光が射す、「わたし」だけのクリスマスを迎えることもあります。むしろ、そういう日に開かれたかたちでクリスマスを祝いたいものです。

## 闇に潜む光

さて、今日の会のタイトル「光は、ときに悲しみを伴う」の悲しみとは、「影」の象徴だといえるかもしれません。しかし人は、闇にある時、最も強く光を感じるのも事実です。今日は、チャールズ・ディケンズの『クリスマス・キャロル』の言葉に導かれながら、皆さんと闇に潜む光という視座から、「クリスマス」の意味を考えてみたいと思います。この作品のある登場人物は、クリスマスの意味を次のように語っています。

ぼくは、クリスマスがめぐってくるたびに、クリスマスってなんてすてきなんだろうと、あらためて思うんですよ。クリスマスという言葉そのものの神聖な意味と、その起源に対する敬意はべつにしてもです。もっとも、クリスマスに関することは、何だってその言葉の意味や起源と切り離すことはできないんですけどね。とにかくクリスマスは、親切と、許しと、恵みと、喜びのときなんです。長い一年のなかでもこのときだけは、男も女もみんないっしょになって、ふだんは閉ざされた心を大きく開き、自分たちより貧しい暮らしをしている人たちも、墓というおなじ目的地にむかって旅をする仲間同士なのであって、どこかべつの場所へむかうべつの生きものじゃないんだってことを思い出すんです。(『クリスマス・キャロル』岩波少年文庫、脇明子訳、P16、以下、特にことわりのない限り同書から引用)

クリスマスは「親切と、許しと、恵みと、喜びのとき」であり、日頃近くに感じない人との間にも見えないつながりがあることを思い出す時だというのです。

人に親切であること、人を許すこと、人に恵みをもたらすこと、人を喜ばせることはこの日だけの特別なことではありません。ですから『クリスマス・キャロル』という本は、一二月二五日が近づいた時だけに読む本ではないのです。苦しかったり悲しかったり人生の意味が見えなくなる時、暗さに飲み込まれそうな時、そっと開いてみる。そういう一冊です。

## 『クリスマス・キャロル』に教会が出てこない理由

申し上げておいたほうがよいかと思うのですが、私はカトリックです。生後四〇日で洗礼を受けました。

ある年のクリスマスに、教会に行こうと思って出かけたんですが、行かれたことのある方はご存じだと思いますが、クリスマスの教会は本当に人でいっぱいです。日本にカトリックは四〇万人ほどだといわれていますが、こんなにキリスト者がいるのか、と思うほど人が多いのです。

しばらくその列に並んでいたのですが、途中でふっと何ともいえない嫌な気持ちになったんです。クリスマスは確かに神の誕生を祝う日です。しかし、同時に人々と「親切と、許しと、恵みと、喜び」を分かち合う日です。自分だけ喜びを手に入れようとしてはいけない日なのではないかと思ったのです。教会に行くことを批判したいのではありません。しかし、大きな試練にあって、教会に来ることができない人たちのことを忘れているのはクリスマスにふさわしくない、と思ったのです。

今、この引用で大変惹《ひ》かれるのは、「クリスマスという言葉そのものの神聖な意味と、その起源に対する敬意はべつにしても」という言葉です。この人物は、クリスマスがキリスト教徒だけの祝日ではなく、慰めを必要としているすべての人々に祝福がもたらされる日である。異なる信仰を持つ人にとっても、クリスマスは「親切と、許しと、恵みと、喜びのとき」たりうる、というのです。つまりディケンズは、キリスト教徒だけに向かって、この物語を書いたわけではないんです。

『クリスマス・キャロル』は、一八四三年にイギリスで刊行されました。イギリスにはキリスト教徒は多いけれども、そうではない人もたくさんいます。ユダヤ教徒、イスラム教徒、あるいはイギリスに古くから伝わるケルトの信仰を守る人もいた。

特筆すべきは、この小説はクリスマスを描いているのに、キリスト教の教会の風景が一切、出てこないことです。出来事はすべて教会の外で起こります。こうした表現方法を取ることによってディケンズは、クリスマスをあらゆる人々に開かれたものにしようとしている。別な言い方をすれば、クリスマスとは、宗教の違いを超えて手を携える日でなくてはならない、というディケンズの信念が生きているといえます。

ですから、この『クリスマス・キャロル』という本は、キリスト教を信じる人だけに独占させてはいけないのです。キリスト者が少数派（マイノリティ）であるこの国でも意味を持ちうる話でもある、ということになります。

## 精霊は助けを必要とする人に寄り添う

『クリスマス・キャロル』には四人の精霊が登場します。一人は亡くなった主人公の共同経営者マーレイ、あとの三人は過去、現在、未来の精霊で、それぞれが主人公に伝えるべきことを託されて、次々とあらわれてきます。

今「精霊」といいました。この言葉ですが、原文では“Spirit”だけでなく“Ghost”という言葉が用いられています。

“Ghost”という言葉を、いわゆる「幽霊」と受け取られるとちょっと違ってしまいます。“Ghost”と大文字表記になっていることからわかるように、作者はこの“Ghost”という一語に特別な意味を込めています。

キリスト教では、神には「父と子と聖霊」の三つのペルソナ、御名《みな》、姿があるといわれていますが、聖霊のことを"Holy Ghost"といいます。もちろんこのことを踏まえて、ディケンズは"Ghost"という言葉を使っていて、聖霊が神のはたらきであるように、すべての"Ghost"（「精霊」）も、ここでは大いなる者の使者として描かれています。ですからここでの"Ghost"は、いわゆる「幽霊」ではないのです。

そうであっても、人間は誰しも精霊の姿を見慣れているわけではありません。出会った人は当然、怖がります。驚き、恐れます。作者であるディケンズは、そのことをよくわかっています。『クリスマス・キャロル』の原著には次のような、小さな序文が添えられています。そこでこの作者は、「人々が精霊を退治しようとしたりすることのないように」してほしいと書いています。

この精霊が登場する小さな本で、私は彼らにある理想を託してみた。そのことがどうか読者の皆さんの気を損ねることのないように。また、このことが不和の原因となったり、クリスマスの季節や、書き手である私への不穏な感情を生んだりすることがないように。願わくは、精霊たちが皆さんの家々に歓喜をもたらし、人々が精霊を退治しようとしたりすることのないように。

（原書より筆者訳）

精霊は私たちを苦しめたりせず、むしろ私たちを支えてくれる、とディケンズはいうのです。これらの言葉は、ディケンズの空想ではなく、経験に基づくものだったのかもしれません。

第一の精霊は、主人公スクルージの仕事上のパートナーでした。名前はマーレイといいます。正確には、精霊見習いというべきかもしれません。しかし、生者ではないので、今日はこの人物も精霊の仲間に入れて話を進めたいと思います。

この人物も生きるとはお金を儲《もう》けることだと思い込んでいました。しかし、それは過ちだったとスクルージに告げにくるのです。

さて、次の一節は、第三の精霊――作品中ではマーレイを別に数えるので「第二の幽霊」ということになっています――が出てくる個所《かしょ》です。

二人はいろんなものを見物し、遠くまで行き、たくさんの家を訪問しましたが、いつもそれはうれしい結果に終わりました。幽霊が病人のベッドのそばに立つと、みんな明るい気持ちになりました。はるかな異国にいる人たちは、故郷を身近に感じました。悪戦苦闘している人たちは、希望を感じて、以前より忍耐強くなりました。貧しい人たちは、豊かになりました。救貧院、病院、監獄、そのほか、不幸やみじめさがひそんでいるあらゆる場所に、幽霊は祝福を残していきました。（P148）

引用している脇明子さんの翻訳は素晴らしいのですが、「精霊」ではなく「幽霊」となっています。これからは彼女の翻訳の「幽霊」を「精霊」と置き換えて読んでいきたいと思います。

精霊は、助けを必要としている人間に寄り添っています。そしてその試練を一緒に耐え抜いていこうとしている。それがディケンズにとっての精霊です。病に苦しむ人には慰めを与え、故郷を追われた人には故郷の光景をもたらし、日々の生活に苦労している人には小さな希望と耐える力を置いていく。精霊は、さまざまな不幸を担う人々に祝福を授けていくという光景を、ディケンズはありありと描いています。

## 社会的な仕事と魂の仕事

主人公のスクルージとマーレイは高利貸を営んでいました。彼らがどんな人間だったかというと、どんな厳しい真冬でも使用人に暖さえ取らせないくらい吝嗇《りんしょく》で心の冷たい人間でした。イギリスではクリスマスになると、募金を呼びかける人たちが事務所を訪れます。しかし、スクルージは、寄付なんかしないと追い返します。貧困にあえぐ人のことなど自分には全く関係ないと言ってはばからない。マーレイも同じだったのでしょう。

ある年のクリスマス・イブにマーレイが亡くなります。そのマーレイが精霊となって、七年後のクリスマス・イブ、スクルージのもとに訪れるところから物語が動き出します。

死んだはずのマーレイが姿をあらわすと、スクルージはひどく驚きます。恐れ、おののくスクルージに、精霊となったマーレイは、生き方を改めろ、あとで大変なことになる、と強く迫ります。真剣に「善き人」になろうと生きなければならない。どんなに誠実な人でも、それを実現しようと思えば、全く時間が足りない。目を覚ませ、と語気を荒らげます。

するとスクルージはマーレイの精霊に、どうして今になってそんなことを言うのか、おまえだってこの世にいる時、本当に真面目に「仕事」をしたじゃないかと問い返します。この時、スクルージにとっての「仕事」は、非情なまでに冷酷になり、とにかくお金を貯《た》め込むことでした。すると、その声を聴いた精霊は「仕事だと！」と大声で応じて、次のように続けます。

人間こそ、わしの仕事だったのだ。万人の幸福こそ、わしの仕事であった。慈善、情け、寛容、そして、思いやり――それらがみな、わしのなすべき仕事だったのだ。商売上の取り引きなんぞは、わしに課せられた仕事のすべてから見れば、大海のなかの一滴の水にすぎん！（P47）

ここで「人間こそ」と書かれているのは、「真の意味で人間になること」と理解してよいと思います。金銭を貯め込むことではなく、「慈善、情け、寛容、そして思いやり」を実現することこそが仕事だった、というのです。マーレイはスクルージと同じくらいお金に執着する人間だった。そんな人物から、このような言葉が発せられ、スクルージは驚いてしまう。

ここで「生活」と「人生」という言葉を用いて、かつてのマーレイと死者となったマーレイの価値観の違いを感じ分けてみたいと思います。

日々の生活で、どんなに仕事で成功を収め、金銭を貯め込んでも、それだけでは「人生の仕事」を果たしたことにはならない。「人生の仕事」は「生活の仕事」とは別の次元で果たされなくてはならないものであることを、精霊は懸命に伝えようとします。

自分のことだけを考える生き方は、かえって自分を滅ぼす。今からでも人生をやり直せる。「人生の仕事」は、日々の仕事のもう一歩奥に隠れている。精霊はそれをわからせるためにあらわれたのでした。

「生活の仕事」と「人生の仕事」とは、「社会的な仕事」と「たましいの仕事」という表現もできるかもしれません。

ここでは漢字の「魂」ではなく、ひらがなの「たましい」という感覚でこの言葉を捉えてみたいと思います。この差異を大切にしたのは、心理療法家であり、思想家でもあった河合隼雄です。彼は「心」あるいは「意識」と人が呼ぶものの奥にあるものを語ろうとする時、しばしばひらがなで「たましい」と書きました。そこには「魂」という漢字が持つ、歴史的な意味やイデオロギーから自由な立場で語ってみたいという彼の姿勢を感じ取ることができます。

心理学はもともと「たましい」の学問だった。しかし、それがいつからか「心」だけを語るものになってしまったのではないか、という疑問もまた、彼にはあったのだと思います。

事実、私たちは、「社会的な仕事」に忙殺されて、「たましいの仕事」の意味と重みを忘れてしまうことが少なくない。しかし、それはこの世の生の意味を大きく失うことだと精霊となったマーレイはスクルージに必死に伝えようとするのです。

ここで大切なのは、精霊となったマーレイが、スクルージを怖がらせようとしているのではないということです。ただマーレイは、スクルージが精霊の声を「たましい」で聞くことを求めています。「たましい」で聞き、自分の「たましい」の使命に目覚めることを懇願している。「たましい」の仕事に触れ、精霊はこんなことも言い残しています。

「人間の魂というものは」と、幽霊は答えました。「遠く広く旅をして、同胞のあいだを歩きまわらなくてはいかんのだ。生きておるあいだ閉じこもっておった魂は、死んだあとでそれをせねばならん。この世の中をさまよって、いまとなっては分かちあえんことばかりを見てまわらなくてはならんとは、ああ、なんとみじめな運命よ！本来なら、地上にいるうちに分かちあい、幸せへと転じることもできただろうものを！」（P43）

「たましい」はいつもつながりを求めています。慰め、励まし、あるいは慈しみを求める人がいれば、そこに寄り添わずにはいられない。助けを求めている人を自分から探すことこそが「たましい」の本能であり、「たましい」の仕事でもある。そして、マーレイが強調するのは、「たましい」の仕事は生きているうちから行わなくてはならない、それを亡くなってから行うには膨大な努力を要する、ということなのです。

## 「たましい」が深く響き合う時、人は涙を流す

精霊は、助言し、見守ることができる。しかし、精霊は手を差し伸べることはできない。でも、事の重大さがわかっている精霊は手助けしたくて仕方がない。さらにいえば、精霊になると、困っている人を見過ごすことができなくなる。黙って見ているしかない時もある。それが辛い、もっと早く生きているうちに気がつくべきだった、と精霊は嘆いてもいます。

先に引用した一節は、作者であるディケンズの死者たちへの深い信頼を感じさせます。マーレイが大きな後悔を感じている姿が描き出されていますが、同時に友人だったスクルージを案じる者の姿でもある。ここに描き出されているのは、悲愛の心につき動かされる、精霊となった「無私のたましい」と呼ぶべきものでもあるのです。

なぜわしが、おまえの目に見えておるとおりの姿で、おまえの前に現れたかということは、言うわけにはいかん。これまでにもわしは、目に見えぬままに、何度となくおまえのそばにすわっておったのだ。（P48）

精霊は、なぜ自分があらわれたのか、その理由を語ろうとしません。精霊は、スクルージが自分でそれに気がつくのがとても大切な経験であるということをわからせようとしている。頭でわかるのではなく全身全霊で感じなくては、わかったことにはならない。そのことを伝えようとするわけです。

そして、精霊となったマーレイは、スクルージの気がつかない時も彼のそばにいて見守っていた、とぽつりと言う。精霊は、大いなる者から生者を守護することを託されている、死者の仕事とは、生者を守ることにほかならないのだと、この友に伝えているのです。

この場面で考えさせられるのは、恩寵《おんちよう》の訪れ、という問題です。マーレイは今、大いなるものの使いとしてスクルージの前にいます。マーレイの出現は、スクルージにとっては回心のきっかけになる恩寵だといってよいと思います。マーレイの臨在がそうだったように、恩寵はしばしば、それだとわからない姿で私たちに寄り添うのではないでしょうか。それは時に苦しみや悲しみという姿を取ることもある。振り返ってみれば、苦しみもまた、恩寵だった、といえることがあるのだと思います。

さて次は、第二の精霊（作中では「第一の精霊」）が登場する場面です。
この精霊は、何とも表現しがたい姿をしていたようです。「子どものようなのですが、老人と言ったほうがもっと近い感じもします。老人ではあるのだけれど、あいだに何やら超自然の物質があるせいで、どんどん遠ざかって子どもくらいに縮んだみたいに見えている、といった風情」（P59）だった、とディケンズは書いています。しかし、この精霊はマーレイよりもずっと強い力で、スクルージの「たましい」にふれてきます。

幽霊はおだやかにスクルージを見つめていました。幽霊の手は、ほんの一瞬ふわっとさわっただけでしたが、年老いた胸には、その優しい感触がそのまま残っていました。あたりに漂っているのは、どれもこれも覚えのある千もの香り、その一つ一つが、とっくの昔に忘れていた千もの思い、希望、喜び、不安と、わかちがたく結びついている香りです。（P64）

とても美しい一文です。私たちは、しばしば自分自身を見失うことがあります。自分自身がどういう人間であるかということを忘れてしまう。自信を失うこともある。自信とは、ほかの人よりも秀でていることではなく、自己への信頼にほかなりません。自分がこれまでどう生きてきたか、あるいは、生かされてきたかを忘れ、そして迷うことがあるでしょう。

でも、精霊は違います。"Ghost"は絶対に私たちの真の姿から目を離さない。私たちの「たましい」をじっと見つめている。

だから時に精霊は私たちに近いともいえます。精霊の手が、スクルージの「たましい」にふれると、スクルージは自分にも「たましい」があることに気がつく。その時、忘れていた他者との「つながり」の感覚を取り戻すのです。先の一節には次のような言葉が続いています。

「くちびるが震えてるね」と、幽霊が言いました。「ほっぺたの上に見えるのは、それは何?」（P64）

この時スクルージは、悲しくて泣いているのではありません。彼の「たましい」は深い喜びに震えている。「たましい」がもう一つの「たましい」と深く響き合う時、人は涙を流してその出来事を体に刻もうとする。そんな経験は私たちにもあるのではないでしょうか。

## 言葉の力、呼びかけの力

さて、何をすれば私たちは「たましい」の使命を果たすことができるでしょうか。今から実践できる「たましい」の仕事とは何でしょうか。私たちは、この物語にそう問いかけられています。

貧しい人にお金を差し出すことかもしれません。でも自分も困窮していれば、そうしたこともできないかもしれません。彼らのために働くことかもしれません。でも自分の仕事で手いっぱいになることもあります。

困っている人のために祈ることなのかもしれません。祈ることはとても大切ですが、それだけでは不十分かもしれません。

先を読んでいきましょう。この精霊は、時間を自由に旅する力を持っていました。精霊は、スクルージを、彼が働き始めた頃に引き戻します。そして、改めて、この時の店の主人のことを思い出させるのです。この主人は、仕事も世間のこともよく知らないスクルージをとても大事にしました。家族と同じように接してくれたのです。

あるクリスマス・イブの夜、主人はスクルージとその同僚たちをパーティに招きます。そこには主人の知人たちもいて、それは文字通りの意味で、とても心あたたまる時間でした。

そうした光景を見ながら、この精霊はスクルージに向かってこう言います。人間を喜ばせるのは簡単だ、わずかなお金を使えばよいのだから。精霊は、主人は確かにパーティのためにいくらかのお金を出した、しかし、その程度で喜びが買えるなら安いものだと言うのです。それを聞いたスクルージは、感情を抑えきれないといった様子でこう言い返します。

「それはちがいます。」スクルージは幽霊の言い方にかっとなって、無意識のうちに、いまの自分ではなく、昔の自分のようにしゃべりはじめていました。「それはちがいますよ、幽霊さん。ご主人には、わたしたちを幸福にも不幸にもするだけの力があるんです。ご主人のやり方しだいで、わたしたちの仕事は、軽くもなり、重荷にもなります。楽しみにもなれば、苦しみにもなるんです。ご主人のその力は、言葉とか顔つきといった、一つ一つはささいなことにあるのであって、数え上げて合計を出そうったって、できやしません。だけど、どうです？　それによって与えられる幸せは、一財産を積んだって買えないくらい大きいんですからね。」

（P83～84）

自分たちが喜んでいるのは、パーティに招かれたことに対してではなく、自分たちを本当に大切に思ってくれている、その心持ちのためだ、と言うのです。誠実に満たされた「コトバ」は、どんなにお金を積んでも買えないほど大きな価値がある、とスクルージは言うのです。

ここでの「コトバ」というのは言語だけではありません。それは「言葉とか顔つきといった、一つ一つはささいなこと」を含む意味のあらわれです。もちろん、まなざしもコトバです。「目は口ほどにものを言う」ということわざもあります。

さて、自分の言葉を聞いて驚いたのはスクルージ本人でした。自分が発する言葉を最も近くで聞いていたのは自分です。精霊はわざとスクルージを怒らせるようなことを言って、こうしたあたたかい言葉が彼自身の中に潜んでいることを気づかせようとしたのです。

もし誰かを本当に幸せにすることができたら、その人生とその人物の存在は意味深く、この上なく尊いものになります。幸せを感じた人は、確かに生きているということを頭でわかるのではなくて、全身で実感する。頭でわかることと、全身で実感するということは違う。

それを実現するためには、挨拶の言葉を投げかけるだけでよいのでしょう。それが心の底から出た本当の気持ちであれば、人は十分に他人を幸福にすることができる。むしろ、言葉こそが人に幸福をもたらすとディケンズは考えている。

この小説の終わり近くにも言葉の力、呼びかけの力が描かれています。時間が来ました。最後に、言語としての言葉を超えた「コトバ」の力が、ありありと描き出された場面を読んでみましょう。

スクルージは両手をうしろで組んで歩きながら、行きあう人の一人一人をにこにことながめました。その様子があんまり楽しそうなので、気のいい人たちが三、四人、「いい朝ですなあ！　楽しいクリスマスを！」と声をかけてくれました。のちになってスクルージがよく言っていたことですが、世の中に楽しい音はいろいろあるけれども、この言葉ほど楽しく響いた音はまたとなかったそうです。（P199〜200）

スクルージは、見知らぬ通りすがりの人に「いい朝ですなあ！　楽しいクリスマスを！」、原文では“Good morning, sir! A merry Christmas to you!”と声をかけられます。クリスマスに「楽しいクリスマスを」と声をかけられることは珍しくありません。しかしスクルージは、あとになっても、人生の中で、あの瞬間ほど心地よく響いた言葉はない、その時のことを思い出すと今でも、幸せだった気持ちがよみがえると言うのです。ここには、自分だけが幸せであればよいと考えていたスクルージはもういません。彼は人々に「たましい」から「楽しいクリスマスを」、メリークリスマスという言葉を送り、同時に人々からのメリークリスマスを「たましい」で受け取めているのです。
このお話はもう少し、いろんな出来事があるのですが、今日は、時間が来たようです。
私もこの言葉を最後に、話を終えたいと思います。
メリークリスマス！　どうぞ、皆さん、よいクリスマスをお迎えください。

トークセッション

# 若松英輔×入江　杏

## 「伝える」とはどういうことか

**入江**　若松さんは『魂にふれる——大震災と、生きている死者』というご本の中で、フランクルの「人生に何かを期待するのではなくて、人生が私たちに何を期待するかが問題なのだということを学び、絶望している人間に伝えなければならない」という言葉に触れられています。これは、生きる意味についての問いを一八〇度転換させる有名な言葉ですが、問いの転換以上に大切なことがあって、それは、「伝えなければならない」というところなんだと若松さんはおっしゃっています。私はその言葉に強く触発されまして、励まされるように、「伝えなくては」と思ってあちこち回っています。それで、改めて、「伝える」とはどういうことなのか、お聞きしたいと思います。

**若松**　それはとても素朴なことです。伝えるというのは、せき止めてはならないという感じです。私たちは与えられたものを所有できると思いがちですが、本当に大事なものというのは所有できないのではないでしょうか。通り過ぎていくのだと思います。自分の「たましい」を震え上がらせるような言葉もせき止めてはならない。なぜならば、その言葉は私とは違ったかたちでほかの人の「たましい」を震わせることがあるからです。

先ほどの『クリスマス・キャロル』の話にもありましたが、微笑《ほほえ》みかけたり、声をかけることも十分「伝える」ことになる。ただ、いずれにしても、自分も誰かから与えられたのだから、それをここでせき止めてはならない。それを次の人に渡す。それが、生きるということの大切な仕事なのではないかと思います。

うまく説明できないのですが、書いている時や話している時は、しばしば、言葉は「私」から出ているものではないように感じることがあります。「私」の言葉など存在しない。言葉が「私」を通過しているだけだと思うのです。すべて与えられたものなんです。すべて与えられたものだから、必要な人がいるのであれば、それを渡さなくてはならない。それが「伝える」ということのような気がします。

## 死者の唯一の願いは生者の幸せ

**入江**　東日本大震災の被災地で若松さんがお話しされているのを、NHKの番組で拝見しまして、そこにも忘れがたい言葉がありました。ご遺族の方たちに若松さんは、「月並みな言葉かもしれないけれど、どこまでも幸せに生きてください。そのように生きておられることがとても雄弁なんです」とおっしゃいました。

**若松**　やはり死者の唯一の願いというのは生者の幸せだと思うのです。その人がどんなに苦しい死に方をしたとしても、そこは揺るがないと思います。それをはっきり教えてくれたのは、私の個人的な死者との経験を別にすれば、原民喜《たみき》という小説家です。原民喜は『夏の花』という原爆投下直後の広島の光景を描いた小説を書いています。比べることができないほどの悲劇で、彼はそれを自分も当事者として経験しています。しかし、この作品は、不思議なくらい暗くないのです。言葉の間から深い光が出ているのです。ここで詳しい話はできないのですが、死者の願いは生者が幸せになることだという、いわば死者の祈りというべきものを見事に描き切った作品です。まさに光源の小説です。

ただ、その一方で原さんは『鎮魂歌』という作品では、自分のために生きるな、死んだ者の嘆きのために生きよと言っています。この「嘆き」は「悲しみ」と言い換えていいと思います。悲惨なものではなく、何か祈りみたいなものですね。心の底からほとばしるような言葉です。生きている者は死んだ者の嘆き、あるいは悲しみのために生きろというのです。

生きている人間は幸せにならなくてはならない。あるいは、どこまでも幸せになっていい。それだけが死者の望みだと思うんです。

だから、まず、自分の幸せを恐れない。そして、死者を恐れない。恐れる必要は全くない。あとは、自分はどこまでも幸せになる。生きていて申し訳ないなんて思う必要はなくて、誰に遠慮することなく、どこまでも、どこまでも、幸せになっていいんです。

**入江**　世田谷事件は大晦日《おおみそか》に起きた事件でした。その時に息子が「もう、うちにはクリスマスもお正月も二度と来ないね」と言ったんです。事件当時、むざむざと妹一家を逝かせてしまって、私たち一家は生き残ってしまった。生き残った者の罪悪感というのがすごく深くて、本当に二度とクリスマスは来ないと思ったんです。その時に、夫が「いや、必ずクリスマスがもう一度訪れるようにしよう。そうするから」って言ってくれたんです。私たちを支えてくれた夫ですが、二〇一〇年に大動脈解離で急逝しました。その言葉は、健やかで明るい、潑剌《はつらつ》とした夫が遺してくれた贈り物です。

**若松**　今日お話しした『クリスマス・キャロル』にはこんな一節もあります。「その近かったことといったら、いまのわたしとあなたくらいの近さでした。なぜって、わたしの魂は、いまあなたのすぐそばにいるわけですからね」（Ｐ59）。

精霊はいつも生者の近くにいる。時に生者自身よりも近いというわけです。自分自身より近い他者というと言語的には少し奇妙な表現ですが、そんな実感なのではないでしょうか。死者は、時に自身よりも自己に近い「不可視な隣人」です。自分より自分に近い存在となると、もうそれは単なる他者ではありません。自分が今ここにいることと死者が臨在することが同義となる。そこでは死者は思い出す対象ではなく、協同する者になる。そうなった時に初めてその人の中で「死者」という言葉の意味が新生する。死者が回顧の対象でなくなった時、私たちは尽きることのない力の泉を発見します。

こうして死者を語るのは、単に死者の臨在を強調したいからではないんです。人々の中で「死者」という言葉の意味が変貌することが、死者を発見し、自分を発見することだと伝えたいからなんです。

死の経験はしばしば、悲しみの経験になります。悲しみが極まった時、希望を失ったように感じますが、それは、これまでとは別の方法で光が存在することを強烈に教えてくれている経験でもある。太陽が見えないからといって、太陽がなくなったと言ってはならない。それは見えないだけであり、同時にそれは内なる太陽を発見する時でもあるのです。

**入江**　「光は、ときに悲しみを伴う」というタイトルが示すように、何か、光の存在を感じることができた今日というこの日を私自身は忘れることがないと思います。

## 人生を大きく揺るがす出会い

**若松**　あとは「自分の存在は無意味だ」ということは言ってはならない。自分という存在は永遠の不思議でもあって、簡単に無意味だと断定できるものではありません。具体的な話をしたほうがいいかもしれません。僕は以前、介護用品もつくっているメーカーに勤めていました。しかしそこに勤めるとは、大学時代には考えてもみませんでした。

ある出来事がきっかけになったのです。今もあるかどうかわかりませんが、当時、銀座に寝たきりの方たちが多く入院している病院がありました。認知症になって家族の方が面倒を見ることができなくなった方が入る、療養状況のあまりよくない病院で、学生時代、私はそこに紙おむつを届けるアルバイトをしていました。

ある日、その病院に行ったら、本当に体の小さな、寝たきりのおばあさんがいたんです。もう自分で体を動かすこともできない、精神も弱ってしまった小さなおばあさんです。

その時、私はその人の姿を見て、「ふっ」と笑ってしまったんです。もちろん、げらげらなんて笑わないですけど、「ふっ」って笑った。理由はわかりませんでした。

しかし、今になって思うと、精神がある限界に来ていたのだと思います。あまりに深刻な現実に耐えきれない私は、「ふっ」と笑うことで我に返ろうとした、ということを心理学的に説明できることも、今はわかります。

でも、当時の私はそんなことはわからない。「どうして、おまえは、あの時、あんな光景を見て笑ったんだ」と自分に問いかけ続けた。笑った自分が許せなくて、私は介護という現場に入ってみようと思ったのです。今みたいに介護士という資格のない時でしたから、とりあえず介護に関わる物を売る仕事から始めたというわけです。

私の人生に影響を与えてくれた人は何人もいます。しかし、この寝たきりの女性を凌駕《りょうが》する経験はそう多くありません。彼女は、社会的にはおそらくほとんど「非生産的」だと思われる、寝たきりの老人です。しかし、それは外面的な意味に過ぎない。彼女の存在は、少なくとも一人の若者の命を救ったのです。計り知れない意味の重みを持って存在していたのです。

自分が他者に何を与えられるかを人はほとんど知らないのだと思います。また、逆に何かを与えていると思っている時は、相手にとってはいらないものだということが多いかもしれません。与えるつもりなんてなくて、朝、明るい声で「おはよう」と声をかけただけでも、声をかけられた人は幸せな気持ちになって、そのことをずっと忘れない、ということもある。人間が人間を幸せにするというのは、本当に些細《ささい》なことが影響しているのではないでしょうか。

矛盾して聞こえるかもしれませんが、今、悲しみの中にいる人も、悲しみを知る者だからこそ、誰かを幸せにすることはできるし、自分自身が幸せを得ることもできるのだと思います。「悲しむ人は幸いである」(「マタイによる福音書」)と『新約聖書』に書かれているのはそういう人生の地平に関することだと思います。

## 愛せないと思う時、その人は愛に限りなく近いところにいる

**入江**　もう一つ、すごく印象に残った言葉があります。苦しみは恩寵である、そして、恩寵は必ずしも自分の思った通りのかたちをしていないと、若松さんはおっしゃった。

**若松**　それは今でも日々感じることです。恩寵は不思議なあらわれ方をします。クリスマスプレゼントみたいにきれいにラッピングされて、これがあなたにとって大事なものだから、今、開けてみてください、というふうにはやってこないです。

例えば、人を愛せないと思うことがあります。誰しも、そういう時はある。でも、なぜ愛せないと感じるのか、については考えてみる余地があります。愛せないと思うということは、愛するという気持ちの根源が自分の中に眠っているから感じることができるものです。ですから、愛せないと思っている時、その人は愛に限りなく近いところにいるともいえる。もう、ほとんど、愛してるといってもいいぐらいです。人を愛せないという苦しみこそ、人を愛へと導くものだともいえると思います。

そんなふうに、自分にとって本当に大事なことが、自分の望んでいるようなかたちではあらわれないということに気がつくと、考え方やものの見方が変わってくるので

はないでしょうか。自分の思い通りにならないということと、意味がないということとは違う。思い通りにならないことに、大事な意味がある。そんなふうに思います。

## 幸せに準備は必要ない

**入江**　ほかにも聞きたいことがたくさんあるのですが、若松さんはご著書、『池田晶子――不滅の哲学』の中で、「日常は臨死である」とおっしゃっています。これは大変鮮烈なインパクトがありました。そして、「変わるときは瞬間で変わる」ともおっしゃっていますね。

**若松**　まず、人は生きつつあるとともに死につつある存在であることを忘れずにいたいと思います。ですから、いかに生きるのかとは、いかに死を迎えるのかという問題でもあるわけです。直面しているのは、生だけでなく、死でもある。昔の言葉でいえば「生死《しょうじ》一如《いちにょ》」の現実に直面している、というべきかもしれません。

こうしたことを前提にしてお話しすると、人間が変わるのに時間はいらないと思うのです。何かをやるには、ある一定の時間が必要だと思い込みがちですが、『クリスマス・キャロル』とは、人間は一日にして根源から変わりうるということを描き出した作品だといえると思います。そして、死はいつも傍らにある、ということも伝えてくれている。

例えば、今、自分はあまり幸せな状態にないと思っていらっしゃる方が、今、そこのドアから出ようとした時、とても深い喜びに満たされるということがあったとしても不思議に思わないです。むしろそれは普通に起こることだと思っています。そういうことが起こるということに向かって開かれているほうが、現実だと私は思っています。

あることが起こらなければ変われない、ということはないんです。人間というのは今にしか生きることができない。今の瞬間、瞬間の持続の中にしか生はない。何かが起こるというのは常に一瞬の出来事であり、持続の中での出来事なのです。これは矛盾しません。

だから、皆さんはいつでも幸せになれる。今すぐなれます。自分は幸せだとそう思えばよいからだ、と池田晶子さんは『14歳の君へ――どう考えどう生きるか』などをはじめ、幾度となく書いています。それが彼女の幸福論だったのだと思います。

本の言葉は読まれることによって、生き生きとよみがえるものです。読むということとは本当に創造的なことです。読むことが世界をつくっている。「今、白い机の前で入江さんと話している」と書いたら、どのぐらいの大きさの白い机って決めるのは読者です。読んだ人が瞬時に何となく頭の中で思い描くわけです。私たちはディケンズの小説を読み、ディケンズが感じなかったことすら、知ることができる。それが文学の現場です。

また、書き手は、書いていることを全部知っているなんて思ったら大きな間違いです。ある意味では、優れた書き手ほど、自分が何を書いたのかを知らないともいえるくらいです。文学とは意識のわざではなく、意識、心、そして「たましい」のはたらきの総合体です。

人は、考えていることを書くのではありません。書くことによって何を考え、感じていたのかを知るのです。そして、書くことによって人は、時に、自分が長く探していた言葉に出会うことすらあるのだと思います。

## 死者は幸せな存在

**入江**　悲しみの多様性、悲しみは深まっていくといったことについても、伺いたいと思います。

**若松**　悲しみは誰にとっても固有の経験です。同じ悲しみはこの世に存在しません。もし、僕が皆さんに対して、「あなた方の悲しみなんて大したことないですよ」と言ったら、皆さんは猛烈に憤りを覚えるでしょう。それは、魂の正常な反応だと思います。僕の悲しみよりあなたの悲しみは浅い、もしくは、あなたの悲しみは深くて、僕の悲しみは浅い。そういうふうに言えるような悲しみは存在しないと僕は思っています。悲しみはその人の悲しみで、意味も、出来事としても全く固有なんです。

悲しみが深まるというのは、これも僕の固有の経験なので、普遍的に話せないのですが、悲しみは変わっていくという感じですね。僕はこの数年間に、妻だけではなく、親父とか恩師とか、いろんな人と離別しています。こういう言い方をするとちょっと誤解を生むかもしれませんが、彼らと死別して、彼らとより近くなったという感じがします。僕はより幸せになったといってもいいぐらいなんです。こんなことを話すと、頭がおかしいと思われるかもしれないけど、それが僕の実感なんです。

もう一つは、これも僕の個人の思いですけど、死者というのは幸せな存在だと思っているんです。死者は苦しんでいないと思う。僕は絶対にこれは疑わないですね。被災地に行ってもこれだけは必ず言って帰ってきます。もしこの世界に、幸福な人間というのが存在するのであれば、それは死者です。そういう僕の個人的な思いを前提にすると、我々にとって死者が存在するということはとっても幸いなことなんです。そのことと、人と離別する悲しみは矛盾しないと思うんです。離別の悲しみはありながら、もう片方の実感として、僕は離別の幸せを言わずにいることができないんです。だから僕は、死者が苦しんでいると言う人間を信用しません。そういうことを言って生者を脅かす人間を、僕は軽蔑しています。死んだこともないくせに、なぜそんなことがわかるんですか。生者の定義は簡単です。死んだことがないということです。我々はみんな死を知らない。死を知らないのに、何でそんな死に対して雄弁になるんですか。もっと謙虚に、知らないなら知らないと言えばいいんです。

## 悲しみこそ光

**若松**　私たちは自らの死を知らない。一人称の死は永遠の謎です。しかし、ほかのかたちで死を経験しています。親しい人を喪う。これが二人称の死。そして、今も世界では、さまざまな不条理の中、人々が亡くなっている、という現実を考える。これが三人称の死です。

例えば、さまざまな災害の被災地に行く。すると言葉を失います。そうした場所に行くたびに深く思うのは、何もわからないということです。真実を知っているのは死者たちだけです。ですから、生者である私たちは亡くなった人たちに頭を下げて、教えてもらうしかないですよね。

今、死者の話をしました。今、私が入江さんとこうしてお会いしているところに私の親しい死者と入江さんの亡くなられたご家族がいるというのは、ある意味、自明のことです。これを四人称の死と呼びたいと思います。こうした「死」の経験を私たちは日々、深めているともいえる。

多分、死者たちは、私たち生者のありようを見ながら、「生きている人間はしょうがない」とか語り合っているのかもしれません。私にとっての死者というのは、概念ではなく実在、生々しい存在です。そのことに気がついたのが、悲しみに深みがあると感じたからです。波は水面で動いている。でも、深いところでは波立つようには動かない。もっとゆっくりと静かに動く。そういうことが悲しみにはある。悲しみの深みでは死者は生者とは別な姿で生きている。

**入江**　もう、ちょっと今、涙が止まらなくなってしまったのは、やはり死者は苦しんでいない、幸せだというふうに思う、思いたい……ということでしょうか。私は愛する人を暴力で理不尽に亡くしましたから、被災地に行っても、どこに行っても、亡くなった人たちは苦しんで亡くなったんじゃないかと思ってしまって。亡くなった人たちが悲しんでいたらどうしようと思う中で、今、若松さんのお話を伺って、すごく励まされました。

**若松**　考えてみたいのは「光は、ときに悲しみを伴う」という地点から一歩深めて、悲しみこそ光なのではないか、ということなのです。悲しみを感じたことがあるということは、朽ちることのない光を宿しているということにほかなりません。その光は絶対に消えることはありません。そして、私たちの中に光があるように、ほかの人にも光があります。さらにいえば、許せないと思う人にも光はある。

この光の証人になること、そして、それを伝えていくこと、それが人間の「人生の仕事」なのではないかと思うのです。

もちろん、簡単なことではありません。しかし、許せなかった人間に笑いかけることができたら、それはもう奇跡です。一回でもそういうことができたら、それは歴史に刻まれるべき出来事なんじゃないでしょうか。そうした出来事は年表には載りません。しかし、この世界には、学校で習う歴史とは異なる、語られざる歴史があるという気がします。事実の歴史とは次元を異にする、真実の歴史と呼ぶべきものが私たち個々人の人生にはあるのではないでしょうか。そこでの仕事も忘れずにいたいと思います。

**入江**　今日は本当にありがとうございました。新しいつながりをつくっていく上で、若松さんのお言葉は本当に助けになって、大いに励まされたことを心より感謝したいと思います。ありがとうございました。

# 第三章　沈黙を強いるメカニズムに抗して

星野智幸

**星野智幸**（ほしの・ともゆき）

一九六五年アメリカ・ロサンゼルス市生まれ。小説家。早稲田大学卒業。新聞社勤務後、メキシコに留学。『最後の吐息』で第三四回文藝賞を受賞しデビュー。『目覚めよと人魚は歌う』で第一三回三島由紀夫賞、『ファンタジスタ』で第二五回野間文芸新人賞、『俺俺』で第五回大江健三郎賞、『夜は終わらない』で第六六回読売文学賞、『焰』で第五四回谷崎潤一郎賞を受賞。他に『呪文』『だまされ屋さん』など。

## 世の中の言葉に自分の言葉が飲み込まれていく

今日は「沈黙を強いるメカニズムに抗して」というテーマでお話をしたいと思います。

僕はずっとブログやTwitterで発信をしていたのですが、二〇一一年の東日本大震災からしばらくして、発信する気力が減退していきました。原発の問題でも被災の問題でも、いくら丁寧に書いても、自分の思ったことや感じたことを言い表せた気がしなくなってしまったんです。

例えば、原発について何か批判的なことを言えば、すべての原発を即時撤廃すべきだという主張に自分の言葉がどんどん飲み込まれていく。大きなうねりのようになっている社会の言葉に、自分の言葉が吸い込まれていく。もっと微妙な話をしているはずが、どこか異なる図式的な話に置き換えられてしまう。変な言い方ですが、何を話しても、自分が利用されているような気持ちになって、だんだん発言することをしなくなりました。

そもそもブログやTwitterを始めたのは、小説家である以前に個人として発言をしたいという思いと、出版や新聞というメディアを通さず、自分の言葉で話したい時に即、言葉を発せられる場を確保しておきたいという思いがあったからです。ブログを始めたのは一九九九年です。その頃、「国旗国歌法」ができ、このままでは、自分の発言にバイアスや制限がかかるような時代が来るかもしれないから、そういう時のために発言できる場を持っていないと危ないという思いもありました。

ホームページのつくり方を自分で学んで、ブログ日記を書き始めたわけですが、当初は、事件や出来事についてすぐ反応して発言をすると、怒りや悲しみなど感情が先走って、極端な言葉が出てしまうことがありました。文章を書くことをなりわいとしている身として、こんな直情的な言葉を流していいんだろうかと思う一方、極端な言葉が出てしまうことも含めて自分の言葉に責任を持つということだろうとも思い、悩みながらのスタートでした。今、読み直すと、自分でも「あー、こんなこと言っちゃってるよ」と思うような発言もありますが、それでも、最初の一〇年ぐらいの間は、ブログを書くことに意義を感じていました。

ところが、震災以降、次第にその意義が見出せなくなっていきました。世の中の言葉の大きな流れが、いつも二項対立に行き着いてしまう。どんな問題も、賛成か反対か、白か黒かに二分され、その中間の曖昧な領域は許されない。「このことに批判的なら自分たちの味方」、「賛成ならあっち側」というふうに、どちらの味方かを確かめるような言葉であふれかえり、自分の発言もその文脈で処理されてしまう。そんな状況に無力感、脱力感を覚え、書くのが嫌になっていきました。

## 文学がスタートする時

ブログに嫌気が差した時、今後は一切エッセイ的な言葉で書くことはやめて、自分の考えや感情はすべて小説の言葉で表すことにしようとまで思ったこともありました。実際にはそれは不可能で、エッセイを書くこともあるし、SNSで発言することもありますが、すべてを小説の言葉で表現したいという気持ちはいまだにあります。

小説という表現形態なら、白か黒か、敵か味方かでは表せない矛盾を言葉で表すことができるからです。矛盾なく、普通に言葉で説明できるものは、エッセイや論文に書くことができるでしょう。しかし、どうしても説明できないことというのがあります。考えていること、思っていること、抱いた感情を言葉で表しきれなくて、残るものがある。言葉で表しきれないと感じつつ、それでも言葉にせずにはいられない時にこそ、文学はスタートするというのが僕の考えです。

言葉による文学は小説だけではなく、詩や芝居、音楽の歌詞などがありますが、小説には「物語」という道具があります。この「物語」という文学の性質をもっと広め、一般の人にも使ってほしいというのが僕の願いです。

僕の主催していた「路上文学賞」という賞も、そういう願いから始めたものです。路上文学賞というのは、路上生活をしている・していた人に応募資格がある賞です。広い意味での路上生活で、生活保護などの体験も含みます。応募作品として、何を書いてもいい。小説でなくてもいい。肝心なのは、できるかぎり世間のものの見方から離れ、自分の観点から物語ることです。

## 文学賞の選考の場で黙殺される政治的テーマの作品

文学賞のあり方、あるいは選考基準については思うことがありました。僕は一九九七年にデビューした頃からずっと社会的なこと、政治的なことをテーマにして書いてきました。

それに対しての反応はというと、「文学に政治を持ち込んじゃったわけね」という、シラっとしたものでした。「文学に政治を持ち込むな」と正面から批判をされることはなく、まるで僕の小説の中にはそんな政治的テーマなど存在していないかのように黙殺されてしまう。政治的、社会的なテーマの韜晦《とうかい》というのを、文学の業界や純文学好きのややマニアックな人たちからいつも感じていました。

そうした空気をよりはっきりと実感するようになったのは、二〇〇〇年代半ばに新人賞の選考をするようになってからです。いくつかの賞の選考委員をしましたが、どの選考の場でもそういう反応にしばしば出くわしました。政治的、社会的な素材の作品が候補作に入っていても、その点は議論されない。僕が話題にしようとすると、「こういうことをベタで書いてしまっては論外」みたいな感じでスルーされることを、幾度も体験しました。

ラテンアメリカなどの外国文学を好んで読んできた僕としては、政治的、社会的テーマを抜きにした小説というのは、ほとんどありえないわけです。政治や社会を視界に入れずには書くことはできない。そこを書かないということは、逆に書かないだけの意味を持つ小説であるはずです。しかし、日本の文学の場合は、政治的なものや社会的なものを書かないことが普通で自然な態度である、という空気がなぜか濃厚にでき上がっていて、そこに踏み込むのは特殊な行為と見なされます。

文学においてだけでなく、日本の一般社会でも、政治に触れることは何となくタブー視され、政治的な批判をすると、「色のついた人」という目で見られる。そういうことが普通になっているから、政治の暴力的な情勢を止めることができないままの社会になってしまったのではないかと思っています。

## 現実の社会に結びつかない文学上の批評性

政治的なテーマを扱った文学への批判としてよくいわれるのが、「文学というのはベタで政治批判や社会批判をするものではなく、言語のレベルでの権力性を批判するものである。それが文学の役割だ」というものです。一九八〇年代から盛んになったテクスト批評や言説分析などの方法で、ストーリーやキャラクターから「言い分」を読むのではなく、使われている言葉や表現、文体そのものから権力性を批判していくという方法です。

テクスト批評や言説分析といったこと自体は、文学の大切な役割だと僕も思っていますし、意識的に取り組んできました。問題は、そういう批判の仕方が文学の役割だと言っている人たちが、現実の社会で、例えば、デモをしている人たちが目の前を通った時、「あいうの、よくやるよね」の一言で終わりにしていることなんです。文学上での言説の批判が、目の前にある暴力や差別という現実に結びついていかない。批評が文学という狭い容器の中だけで意味を持つ、いわば業界のゲームになってしまっている。これではどんな批評性も、現実に関わらないための言い訳にしかなりません。

## 実感を持てる言葉で書く自分の物語

そうした従来の文学賞とは趣を異にするものをつくろうと思って始めたのが、「路上文学賞」です。路上で生活している人が書くというだけでなく、路上的な場に人々が飛び出して開かれるお祭り、という意味も込めて、「路上文学賞」と命名しました。

ホームレス状態にある人は、他人の目を恐れながら生活し、マジョリティの空気を常にうかがっています。例えば、派遣切りにあって家賃を払えなくなって、追い込まれて自暴自棄な気分になって、所持金を増やそうと思ってパチンコをしたらすべてスってしまった結果ホームレスになったとしても、人に話す時はパチンコのことは省く。日頃から非難され続けているので、ダメージを受ける話は回避して、マジョリティが望む「弱者の物語」として語る傾向があります。

路上文学賞では、そこでパチンコをしたことも語りたければ語ってよい、それでも誰も非難しない、というのが基本姿勢です。もちろん、語りたくないのなら語らないでもいい。とにかく、世の中の目線、自分の外側の目線から判断するのではなく、自分は、本当は何が言いたいのか、何にこだわりを持ってしまうのか、そこを見つめて言葉を紡ごうとしてほしいわけです。語りたいけれど言葉が出てこないのなら、少しでも出てくるようにいくらでも試行錯誤してもらっていい。上手《うま》い下手は関係ないし、泣ける泣けないも関係ない。読み手を喜ばせる必要もない。自分がどれだけその言葉、その物語に実感を持てるかが大事なのです。

実感の持てる言葉で物語れた時、書き手は自分の存在を確かに感じることができると思います。そして、そういう言葉は読み手の何かに触れる。読み手も相手の大切な部分に触れた感触を持ちます。なぜかわからないけれど、読み終わった後に感覚が変わっている。

ものの見方が変わっている。今までは特に気にしなかったものが妙に気になってくる。そんなふうに、無意識に自分にかかっていた制御を解除しうるのが、文学の言葉の力です。

## 沈黙を強いるメカニズムとは

「路上文学賞」の回を重ねていくうち、路上生活者だけではなく、実は社会の大半の人が自分を表現する契機に飢えているのではないか、と僕は感じるようになりました。

今の社会では、こういうことを言ったら馬鹿にされるかもとか、やばい人だと思われるかもしれない、という不安や怯《おび》えが日常化しています。空気を読んで、問題が起きないように語った受け売りの言葉を、自分の意見だと自動的に思い込むようにさえなっている。誰もが口にして大丈夫な認証済みの意見を、自分も口にすることで、社会のマジョリティの一員だという安心感がもたらされるわけです。

だから逆に、誰かが己に正直な発言をすると、その人にイラつき、軽蔑して、攻撃したくなってしまう。その軽蔑と攻撃は、本当は正直な発言をできない抑圧された自分に対して向けられているはずなのに。

これが、今の社会の、「沈黙を強いるメカニズム」の本体だと思います。自分の言葉で自分の物語を語れない。弱さを見せられない。己のその空虚さが、他人の充実を許さないという態度であらわれる。言葉として表すことができず、暴力として出てしまう。それは、本当は自分の言葉で自分を語りたいという、叫びのようなものに思えます。

そして、今や為政者など大きな権限を持つ人たちが、この暴力を利用している。自分たちに都合の悪い者たちを黙らせるために、「自分勝手に意思表示する人間を野放しにしておいていいのか？」と、空虚さを抱えているマジョリティの劣情を刺激し、煽《あお》り立てているのが現状ではないでしょうか。これが、すべてが敵か味方かに分けられる二項対立的な言説の正体だと僕は思います。

そんな今だからこそ、文学が必要です。文学は答えをもたらすものではありません。道を示すものでもありません。書く者、読む者が、それぞれの存在を感じるための言葉です。音楽をつくったり奏でたりできるようになるためには音楽をたくさん聞く必要があるように、自分の中から実感のある言葉を見つけられるようになるためには、他人の言葉を深く読み込むことが重要です。他人の言葉に耳を傾けられない人には、自分の言葉を語ることもできないでしょう。

ネットでは、一見、自分を語る言葉があふれ、誰もが言葉を発する機会は増えているように見えます。けれど、それらの多くは自分の実感を自分の言葉で語ったものとはいえないと思います。他人に読まれることへの意識のほうが強く、外の目線に価値基準が置かれたまま、既存の言葉や物語を選んでいるからです。あるいは、自分の中の深いところまでは見つめず、むしろそこから目をそらすために書いている文章であったりするからです。

他人の目を考えずに、自分の無意識にまで潜って言葉を発するには、勇気がいります。簡単には言葉にならないこともあるでしょう。けれど、根気強く、それらを言語化してみることは、自分が自分を認めることの第一歩だと思います。

## 言葉によって、自分の悲しみを受け止める

入江さんの本、『悲しみを生きる力に――被害者遺族からあなたへ』の中で、「喪失のカレンダー」というものが紹介されています。喪失をロスとゲインで考える、貸借対照表、あるいは損益計算書のような捉え方です。この捉え方はおもしろいなぁと思います。普段、

自分で考えていることと合致している部分もありました。

僕自身の中にもさまざまな喪失があります。僕はアメリカに生まれて二歳半で初めて日本に「帰国」し、一〇歳の時に父親を病で亡くしました。そういう経歴と家族環境を持つ自分は、普通の人と同じではないとどこかで常に思い、そのように指弾されるのではないかと怯えていました。でも、怯えていたことが逆にゲインになるということが、とてもわかりやすく書いてあって、それはこの本から学んだことの一つです。

「喪失」が実は力になる。入江さんの言葉を借りれば「悲しみが生きる力になる」ということを実感するようになったのは、ここ数年です。それ以前は、さまざまな喪失体験に自分自身が縛られていて、逃れることができないということがたくさんありました。

一つの事例が、大学で教えていた時に、学生が三人、自殺をしました。未来を失ったような衝撃でした。彼らの死がきっかけで、自死や貧困といった社会的なテーマにそれまでより一層、関心を持ち、活動しましたが、喪失体験から僕はなかなか立ち直ることができませんでした。今も、立ち直れているとはいいがたいものがあります。

それでも、喪失体験は力になりうると初めていえるようになったのは、これもまた震災後のことです。震災により、巨大な喪失に直面して途方に暮れていた中、「悲しんでいい」と自分を肯定してもらったと強く感じたのは、若松英輔さんの言葉でした。若松さんの言葉を繰り返し読んでいくうちに、初めて、自分が縛られていた喪失感から少し自由になりました。言葉によって、悲しみを自分の中で受け止められるようになる、ということが起きたのだと思います。

## どんな人もマイノリティである

京都に直指庵《じきしあん》というお寺があります。そこには悩みなどを自由に綴《つづ》ってよいノートが置いてあって、寺を訪れるたくさんの人がそこに文章を書いて自分を見つめるそうです。これまで書かれたノートの冊数は五〇〇〇冊だとか。誰が読むかわからないし、書いたからといってリアクションがあるわけでもない。それでも、それぞれの人が言葉にならないことを言葉にして書いていく。書いた人には、誰かに読んでほしい、誰かに伝えたい、という気持ちもあるのだろうと思います。

このノートこそが文学の現場だと思います。僕は路上文学賞に限らず、誰もが文学を書くべきだと思っていて、日頃からしつこくそのように勧めまくっています。ノートに数行走り書きしただけの文章でもよいのです。文学が短歌になる人もいるだろうし、SF小説になる人もいるでしょう。こういう言葉でなら表現できるかもしれないと自分の魂が震えるような言語芸術と出会えたら、それがその人の文学です。

自分の核となる部分を表現した言葉は、時として他人とぶつかることもあると思います。それでも、そんな言葉を持てず、自分の実感のないまま生きて、暴力でしか表現できないより、ずっと前向きな衝突です。

どんな人も、自分以外にはなれません。誰もが、自分個人という、替えのきかないマイノリティです。自分の存在を表す言葉は個人の言語であり、マジョリティの言語でも物語でもない。だから、マジョリティの物語に置き換えたら、自分が消えてしまうのは当然です。自分が消えたことを埋めようとして、大きな物語に自分を無理やり当てはめようとする人もいます。例えば、日本人は優秀な民族であり、自分はそんな日本人の一員である、というような大きな物語。自分個人の物語ではないものを無理に自分に背負わせているがゆえに、そうしない者たちを許せなくなる。自分の物語を表現しようとする者たちを黙らせようとする。

そうした沈黙を強いるものに対抗するには、ただひたすらに個人の言葉を探し続けるしかないのです。

トークセッション

# 星野智幸×入江 杏

## どこまで自分の言葉を発することができるか

**入江** 今日は本当に素晴らしいお話をありがとうございました。自分が犯罪被害者の遺族という立場に置かれると、本当に大きな物語に引っ張られてしまうんです。以前、作家の平野啓一郎さんが「ミシュカの森」で、「僕はもう自分の人生にあったこと、残すものがさまざまにあったとしても、残された人たちがそれを忘れてもいいと思ってるんですよね」というようなことをおっしゃってくださったのに、私はカメラを向けられると、遺族らしくというのも変な話ですが、「忘れません!」などと言ってしまう。忘れてもいいというのはわかっているし、特にグリーフケアの文脈では「忘れてもいいよ」と語りかけてはいるんです。だけど、カメラを向けられると大きな物語に引っ張られて、大きな物語に搦《から》め捕られてしまったなぁと思うわけです。

私も星野さんのおっしゃったように、二項対立ではなく、そのはざまにあるもの、

「あわい」を伝えられたらと思っています。犯罪の被害者報道でもなく、興味本位のいわゆる消費されるエンターテインメントとしての悲惨さでもなく、その「あわい」にあるもの。「事件を絶対に風化させません」というものとも、警察とともに「犯人逮捕にご協力よろしくお願いします」という発信ともまた違う、「あわい」にあるものが大事だと思っています。

**星野**　入江さんが、さまざまなステレオタイプを押し付けられ、期待され、それに苦しみながら抗い、言葉を発してこられた姿にどれだけ勇気づけられたか知れません。

**入江**　ありがとうございます。私が特に印象深かったのは、「路上文学賞」を立ち上げられた時の星野さんのお言葉なんです。「文学作品とは、深いレベルで、言葉によって人と交わること。深いレベルとは、その人の存在の核になる部分を理解し合うレベル」とおっしゃっていました。一般に流通する「ホームレスのイメージ」を裏切らない物語ではなくて、他人の顔色をうかがわず、どこまで自分の言葉を発することができたかを審査の基準とする、とも。大きな悲しみを受けた人が、社会やメディアのつくる大きな物語にとらわれることなく、自分自身の物語を紡ぐのがいかに難しいかを実感している私にとって、星野さんの視点はすごく新鮮に映りました。魂の底から感じたその人自身の言葉が光を宿す時に、悲しみは生きる力に変わるんだと気づかされたんです。グリーフケアに関わるようになると、「沈黙」というのがすごく雄弁な言葉だと感じるんですね。ただ、それを知ってなお、沈黙を強いるメカニズムに抗って発せられる言葉の力というのを今日は聞かせていただいたと思います。

## 悲しみを否定しないことが力になる

**星野**　入江さんは本の中で、「曖昧性と喪失」「両義性と喪失」「忘れたくないけれど忘れたい」、そして「忘れてもいい」という喪失にまつわる矛盾した思いを繰り返して語られています。喪失に関して十分に悲しんでいい、悲しみを否定しないことが力になっていくということも繰り返し伝えています。それを読んで、それならば、自分がいつも考えていることを話せると思いました。今日のテーマの「沈黙を強いるメカニズムに抗して」ですが、僕がいまだに書くということを続けている理由、文学という仕事をする理由がまさにこのテーマに関わっています。

**入江**　文学のお話をもう少し伺いたいのですが、路上文学賞の最新の受賞作について教えていただけますか。

**星野**　路上文学賞は定期的ではないのですが、今のところ四回開催しています（二〇一六年時点）。最新の受賞作品は『ネコと一人の男と多摩川』という、多摩川で路上生活をしている人の猫との日常を綴りながら、世界像を表すような素晴らしい作品です。

**入江**　私も拝読しました。犯罪被害者の遺族である私の場合ですと、メディアが「怒る」「悲しむ」というステレオタイプ化された犯罪被害者像を流すのは、社会がそれを欲するからともいえます。かつての事件報道の関心が加害者に偏っていたことを思えば、突然の事件や事故でいかに人生を絶たれてしまったかを克明に伝える被害者・遺族報道は、潤いあるまなざしへのメディアのシフトに相違ないとも思います。その過程で、「共感」や「連帯」が生まれることも私自身、経験してきました。それはありがたいことで、たくさんの励ましに感謝しています。

一方で、悲しみや苦しみは千差万別なのに、そこに一つの大きな物語が生まれてしまう。当事者の真意を伝えるナラティブが、厳罰化やセキュリティーを強化する方向に動員されてしまうのではと懸念することもあります。先ほど、星野さんは「利用される」とおっしゃいました。自分の発言が勝手に回収され、動員されてしまうのはやはり違和感があります。結果として、犯罪被害者・遺族のみならず、社会や市民全体にとって必ずしもよくなかったとしても、知らず知らずにそっちのほうへ行ってしまうのではと、私も思うことがあります。

**星野**　時に暴力的に作用する「大きな物語」や「マジョリティの声」に対抗するには、繰り返しになりますが、ただひたすらに個人の言葉を探し続けることが必要なのではないかと思います。このことと、独善に陥ることとは違います。個人の言葉自体、関係性の中から生まれてきます。自分にとって大事な人たちとの会話や読書から、自分を表す言葉が発見できたりします。自分に重要な関係を持つ人の言葉を聞ける耳が、読める目が、自分の表現をつくり出すと思います。

そうして、自分の言葉で自分の物語を語れるようになったとします。ここで気をつけなくてはならないのは、自分の語った物語にとらわれ過ぎないことだと思います。できた上がった物語は人を縛ります。けれど、自分自身は日々小さな変化を繰り返していきます。だから、いろいろ矛盾が生じてくるんですね。その都度、本当は自分の物語も変化していきます。その変化をまた言葉にしていく。それを積み重ねていく根気強い努力が必要なんだと思います。自分の物語が以前と矛盾しても構わない。そもそも、自分のすべてを物語化したり、言葉で表現することは不可能なのだから、その時によって、自分の違った面が見えてきて、矛盾するのは普通のことなんです。

## 「あわい」の大切さ

**入江**　何度か「ミシュカの森」に足を運んでくださっている方から、「同じストーリーであっても、その時の入江さんの気持ち、世界に対する目が変わることによって、別の光が当てられ、別の声が心に響いてきます。それは私自身が悲しみに出会ったり、憤ったり、人生を重ねてきているからかもしれません。深い意味でのコミュニケーションの喜びを感じる会でした」という感想をいただいたことがあって、とても嬉《うれ》しかったです。「ミシュカの森」の基調音というのは、いわゆる正義の犯罪報道の文脈からも、消費される娯楽としての悲劇の文脈からもはみ出てしまう「あわい」なんですね。

**星野**　そうですね。物語は人をつなげる共感の表現メディアでもあるけれど、固定化すると同調圧力を強いる表現にもなるということです。アバウトというかラテン的な入江さん（笑）の「ミシュカの森」の、当たり前に自然な雰囲気というのは小さな奇跡で、「あわい」の瞬間かもしれません。

**入江**　「悲しみ、怒り、また弱音など、現代社会においてマイナスと思われることが実は、新しい世界の入り口になることを生きた言葉で伺えてよかった」という感想をいただいたこともあります。まずは少しずつでも「弱さの発信」がしやすくなればと願っています。あちこち寄り道しながら続けてきた「ミシュカの森」の営みが、「懐の深い共同体」をつくるために少しでも機能できたなら、それこそをサポートと呼び、ケアと呼ばれるものではないかと思います。もしかしたら、そこに近現代の人智を超えた物語が基調音として響いているのかもしれないと思います。まだまだ名残り惜しいですが、最後に星野文学のファンに向けてのメッセージを一言いただけますでしょうか。

**星野**　僕は今までは、この世の中が最悪のコースをとったらどうなるかということ、つまり、人が無意識に目をそむけている選択肢にあえて目を向けて、そこをデフォルメするようにして小説を書いてきました。最悪を避けるために最悪を書くというつもりで書いてきたのですが、現実が最悪の世の中になってきつつあるので、そういうかたちで小説を書くのが苦しいと感じるようにもなってきました。こういう社会にするべきだと決めつけるのではなく、こういう社会も選べるという別の選択肢を示す書き方もあるのではないかと思うようにもなってきました。このような時に、暗闇を歩いて、たどり着いた淡い光、希望のようなものも描いていければと思っています。

# 第四章　限りなく透明に近い居場所

東畑開人

朝日新聞社提供

**東畑開人**（とうはた・かいと）

一九八三年生まれ。臨床心理学者。京都大学教育学部卒、京都大学大学院教育学研究科博士後期課程修了。博士（教育学）。沖縄の精神科クリニックでの勤務を経て、「白金高輪カウンセリングルーム」開業。現在、十文字学園女子大学教育人文学部心理学科准教授。著書に『居るのはつらいよ――ケアとセラピーについての覚書』（第一九回大佛次郎論壇賞・二〇二〇年紀伊國屋じんぶん大賞受賞）などがある。

## 雑用の多い臨床心理士

最初に自己紹介から始めます。僕の専門は臨床心理学で、臨床心理学の中の精神分析という古典的な心理療法を専門にしています。もう一つ、医療人類学といって、文化が違うと癒やしや治療、ケアが違うということについて非常に関心を持っておりまして、そういうことを研究しています。以前は沖縄の精神科クリニックに勤務していました。今は大学で働きながら、カウンセリングルームも開業しています。

今日は「居場所」というテーマでお話をさせていただきたいと思います。僕は臨床心理士として、居場所を支える仕事をいろいろしてきました。最初が大学院の頃で、不登校の子たちと小さな部屋で一日中一緒にいる「心の居場所サポーター」という仕事でした。一応一緒に勉強するなどの役割もあるんですけど、ずっとやっているわけにもいきませんから、結局べたーっと子どもと一緒にいる仕事です。これがね、だんだん眠くなってくるんです。それで実際に寝てしまったことがありました。すると、ある生徒が「寝てる！　校長先生に言ってくるわ」と言って大騒ぎになりました。僕はこれは懲戒免職かもしれないと怯えたんですが、おもしろいことが起こりました。その子はめちゃめちゃ真面目な子で、真面目過ぎるがゆえに教室に入れなくなった子なんですけど、その子にしたら、まさか仕事中に寝る大人がいるとは思いもよらなかったわけです。だから、その子はその一件があってから、硬さが少し取れてね、教室に戻れるようになっていった。僕はただ眠くて仕方なくて寝てしまっただけなんですけどね(笑)。これが居場所の不思議なところです。

それから、沖縄にいた頃は、「居場所型デイケア」といって、統合失調症の方が朝から夜まで過ごすところで働いていました。デイケアというと専門的な感じがしますが、何をやっているかというと、とりあえず座っとく。統合失調症の方々は活動的というより、どちらかというと自閉的なので、凪《なぎ》のような時間がずっと続く。ぼーっと座っている彼らと一緒に僕もぼーっと座っとく。あとは一緒に料理をしてみたり、車で送迎したり、雑用をしているわけです。臨床心理士になる前は、心の専門家ってバリバリと分析するようなカッコいいイメージがありましたけど、実際には雑用することが多いですね。

いずれにせよ、この居場所の仕事で重要なのは、ぼーっとべたーっと一緒に「居る」ということです。特になんもしていないのだけど、それが居場所をつくるということ。そういうことについて話をしてみたいと思います。

## 居場所とは、何も気にせず座っていられる場所

僕の後輩の中藤信哉《なかふじしんや》くんという人が『心理臨床と「居場所」』という本を書いています。中藤くんは、居場所を「安心でき、自分らしくいられる場所」と捉えているのですが、居場所の歴史みたいなものにも触れています。居場所という言葉はもともとは「人がいるところ」という物理的な意味で使われていたのに、徐々に「心の居場所」という意味合いが強くなってきました。特に、不登校の生徒が多く出てきた頃、文科省が「心の居場所」という言葉を使い始めたのが転機だったようです。先ほどの「心の居場所サポーター」というのも不登校支援です。その原型になったのがフリースクールで、不登校の子たちは学校ではない別の場所に居場所を求めたわけです。

居場所の語源をたどると、古代の用語では「居どころ」といい、この居どころというのは「尻」という意味もあり、「おいど」とも言ったらしいです。つまり、居どころというのは、そもそもお尻をつけていられる場所、座っていられる場所を意味したそうです。そ

ういわれてみると、立っていないといけないのは、何か居場所がない感じがしますよね。

そういえば、僕のおじさんが「もう仕事辞めたい」と言った時、おばあちゃんが言ったのが、「座っていればいいのよ」だったそうです。そうしたら、おじさん、本当に会社に行って座ってるだけになったんですけど（笑）。でも、座ってるって大事です。とりあえず、座っていると、会社のメンバーシップがある感じになりますからね。逆に、座っていられなくなると、学校や職場にいられなくなってしまう。なぜなら、座っていることができなくなるというのは、周囲のみんなから嫌な目で見られることに耐えられなくなったということですから。

ところで、居どころの尻のことですが、なぜ尻なのかというと、尻って弱点なんですね。ボノボなんかは、険悪なムードになってくると、お尻とお尻をこすり合わせる。一番弱点のところをすり合わせることで和解しようとする。

だから、居場所というのは、弱点を預けることができる場所のことです。ある意味で、油断して、誰かに依存できる場所だといえると思います。居場所という言葉の語源に、中藤くんの言う、「安心でき、自分らしくいられる場所」ということが含まれているんだと思います。

## 「本当の自己」があらわれる時

ただし、今、僕らが生きている社会は依存することにすごく厳しい社会です。人間関係に依存してはいけない、自立してなくてはいけないというメッセージがものすごく強くある。そういう社会に私たちは生きていますけど、でも、実は依存がないと僕らは自分ではいられないというメカニズムがあります。そのことをもう少し詳しく話したいと思います。

僕の好きな精神分析家にウィニコットという人がいます。ウィニコットは小児科医で、子どもの精神分析をやっていた人です。子どもはお母さんに連れられてやってくるので、ウィニコットは子どもとお母さんがどういうふうに相互作用しているかをずっと観察していました。彼がこんなことを言っています。

適切な母親は、幼児の万能感を満たしてやり、ある程度はその意味がわかっている。彼女はこれを繰り返し行なっている。(中略)こうしたことを通じて、本当の自己も自らの生活をもちはじめるわけである。

（『情緒発達の精神分析理論』牛島定信訳）

謎めいた一文ですが、「本当の自己」という言葉がキーワードです。本当の自分というと、インドを旅したり、瞑想《めいそう》して自分の内側を探しにいくイメージがありますが、実際にはそうやって見つかるものではない。ならば、いつ本当の自分があらわれるのかというと、完全にお世話をされている時である、というのがウィニコットの考えです。例えば、お母さんが幼児の万能感を満たしてやっている時。万能感というのは、なんでもやれちゃう、という感じのことですね。赤ちゃんを見ていたらわかります。「うえーん」って泣いたら、すぐおっぱいがもらえる。これは魔法みたいなもので、こういうのが万能感です。そういうふうに完全にお世話されている時に本当の自己があらわれるというんですね。たとえていえば、温泉に入って「ふいーっ」てなって猿みたいな顔になってる時ありますよね。あれが本当の自己です。僕らは依存しきっている時に本当の自分になる。ウィニコットはそう言っています。

## 「偽りの自己」がつくられる時

逆にいうと、依存が失敗した時、お母さんが依存のニーズに応えてくれなかった時、途端に子どもは不安になって、偽りの自己をつくり始める。物語でいうと、僕は『サザエさん』のタラちゃんは相当怪しいと思っているんです（笑）。あれはかなり偽りの自己です。家でも敬語使っていますからね。

どういうことかというと、お母さんに限りませんが、ケアギバー、つまり、ケアを与えてくれる人がケアを与えてくれない時、子どもは大ピンチになります。必要なものが手に入らない。だから、依存していられなくなって、むしろ相手にサービスをしなくてはいけなくなる。こっちからケアギバーをおだててみたり、あるいは「僕、頑張っているんだ」と見せたりします。ここに、偽りの自己があらわれる。

そうした「偽りの自己」は、それ自体は悪いものではないんです。例えば、今、皆さんは、ほんとはスマホを見たかったり、ちょっと眠いなと思っているかもしれないけど、僕が話している時は顔を上げて話を聞いてくれています。これもある意味での偽りの自己です。だから、偽りの自己はある意味で適応的でいいものなんです。だけど、偽りの自己ばかりが自分の中にあり過ぎると、心が死んでしまいます。時々、本当の自己というものがないといけないんですね。

つまり、お世話をしてもらって、依存ができている時に、本当の自己があらわれ、それが剝奪されると偽りの自己があらわれる。ケアです。ケアによって、本当の自己が可能になる。

## ケアとは面倒くさいことを肩代わりすること

ケアをされる時、本当の自己があらわれる。本当の自分がそこにいることができる。そこに居場所がある。

では、ケアとは何だろうか。これがまたややこしい話です。よく「心のケア」なんて言葉を使いますが、何をするとケアになるのか、いまいちよくわからない。そこで、それを理解するために「ケアとセラピー」という対比を使ってみたいと思います。

僕はケアを「傷つけないこと」と考えています。傷つけないと言うと消極的に聞こえます。何もしなければ傷つけないだろうと思うかもしれませんが、そうではありません。例えば雪だるまを思い浮かべてみてください。雪だるまはほうっておくと溶けていき、形が崩れてしまいます。だから、雪だるまをケアするには溶けないように氷を運んであげる必要があります。これはかなり積極的な行為です。

ケアとは話を聴くことといわれることがあります。僕はあれは若干違うと思っています。話を聴くことが、ケアになる場合と、逆に傷つけてしまう場合とがあるからです。例えば、一九九五年の阪神・淡路大震災の時に、臨床心理士が被災地に行って、そこで話を聴くことを提供しようとしたらしいんです。そうしたら、被災者の方たちから「今はそんなことを話している場合じゃないんだ」と大変に怒られたと聞きます。話を聴くことそのものが相手を傷つけてしまっているんです。それで、臨床心理士は水くみに行ったり、炊き出しをしたりしたんです。これはよかった。

ケアとは傷つけないことですが、それは別の言葉でいえば相手のニーズを満たすことです。僕らはニーズを満たされない時に傷ついてしまうんですね。だから、被災地では話を聴くことではなく、水を運ぶことがケアになった。

そのことを別の言葉で説明すると、「依存を引き受けること」というふうにもいえると思います。「依存を引き受ける」とか「ニーズを満たす」というと抽象的でイメージしにくいですが、実際には、「面倒くさいことを肩代わりしてあげる」ということではないかと思います。

たまには奥さんのケアをしようとか言って、世の亭主方は奥さんの話を聴こうとしますが、いきなり「何でも話してみろ」なんて言われても奥さんは困るんです。そんなことより、お皿を洗ったほうがよい。いつも奥さんがやっている皿洗いを代わりにやるならば、話を聴くよりもずっとニーズを満たしているんですね。面倒くさいことを肩代わりして、ニーズを満たすことが、一番のケアになる。

僕が居場所に関する仕事をしている時、なんか雑用が多いなと思ったのは、雑用しているることがケアになっていたからなんですね。入江さんが、グリーフケアというのは日常的なものだとおっしゃっていますけど、まさにそうなんだと思います。ケアというのは、特別に心を深く掘り下げてやっていくということではなく、その時、必要としているものを、その場で提供すること。そういう意味でケアは素人的なものだし、ありふれたことだと思います。

## セラピーとは手を出すのを控えること

ケアと反対なのがセラピーです。僕がカウンセリングルームでやっているのはどちらかというとセラピーです。セラピーは、傷つけないというより、傷つきを抱えている人のその傷つきと向き合っていく。雪だるまに対して氷を持っていって溶けないようにするのではなくて、「君はこのままだと溶けちゃうんだよ、自分でもわかっているでしょう。どう思っているの？」みたいな感じで話し合っていく。これは結構傷つきを抱えている人には辛いんです。だけど、心の痛いところを一緒に触っていくのが、おそらくセラピーといわれる仕事なんだろうと僕は思います。

セラピーはニーズを満たすというより、ニーズを少し変更することです。わかりやすい例でいうと、カウンセリングを一時間やったとして、そのあと、まだ帰りたくなくて、「もう一時間、先生、一緒にいてください」と言う人がいるとします。そこで、もう一時間一緒にいてあげるのがケアです。ニーズを満たすのがケアでした。だけど、もう一時間一緒にいても、さらにもう一時間、二時間、三時間、四時間となっていくとなると、そこには限界があります。どこまでもケアを提供していくことはできない。その時に、「この面接が終わっちゃうと、何だか見捨てられたような気持ちがしているあなたがいるんですよね」という話をしていく。これがセラピーです。それは痛い話です。別れる辛さを和らげるのではなく、その辛さそのものに向き合っていく。そうすることで、「あっ、一緒にいなくても先生は自分のことを嫌いになったわけじゃないんだ」と思えるようになったら、その時にはニーズが変更されています。

ニーズを変更することを別の言葉でいえば、自立を促すことといえます。ケアが依存を引き受けることだとすると、セラピーは自立を促します。手を出すのを控えることですね。例えば、子どもが仮病を使っている時。ケアだったら、「休みたいのね」と言って休ませてあげる。セラピーだったら「これ、仮病だよね」と言って行くように促す。対応が正反対なんですね。

重要なことは、ケアとセラピーだったら、基本はまずケアです。ケアが足りているならば、次にセラピーに移る。仮病でいえば、まずは休ませて、それでまだ何日も仮病が続くようなら、「仮病だよね」という話をしたほうがよいということですね。

## 生まれては消えていくアジール

居場所を支えるケアとは、依存のことでした。居場所というのは、依存できる場所、ケアが提供される場所という定義を提示してみました。ところで、ここ、「ミシュカの森」もそうですが、世の中にはたくさんの居場所があります。今、この瞬間にも別のところで別の居場所が生まれているでしょう。しかし同時に、居場所は次々と消えていきます。このことをリアルに感じているのは自助グループの人たちじゃないかなと思います。自助グループというのは続けていくことが難しい場所です。あるいは、バーやレストランもそうかもしれない。居場所はどんどん生まれてくるけど、どんどんと消えていく。それは一体なぜなんだろうか。なぜ居場所ははかないのか。次にこのことを考えてみたいと思います。

これを考える上で参考になるのがアジールという言葉です。アジールは、犯罪者が一たびその中に逃げ込むと、それ以上、罪を責めることができなくなる空間というふうに定義されています。網野善彦《あみのよしひこ》という歴史学者は、例えば、「エンガチョ」という遊びの中にアジールがあると言いました。子どもの頃、氷鬼《こおりおに》とかやりませんでしたか。鬼に捕まりそうになったら氷になると、それ以上は触られない。鬼ごっこのバリエーションで、ある状況下ではタッチされないというルールがありますよね。つかの間、脅威から逃れることができる。ああいうのをアジールといいます。アジールの語源はギリシャ語のアシロスで、不可侵のとか、接触不可能なとか、神々の保護のもとにあって十分に安全な、という意味があるそうです。

どういうことかというと、もともと中世以来、避難所というのがいろんなところにありました。例えば駆け込み寺。夫と縁を切りたい時に、駆け込み寺に逃げ込むと、夫は追いかけてくることができないわけです。しばらくその中で暮らして、三年ぐらい経つと、縁がちゃんと切れている。つまり、駆け込み寺に入った瞬間に、外の権力が手を出すことができなくなる。今でいうとシェルターですね。

## アジールとアサイラムとパノプティコン

昔は、アジールは神仏の力によって守られていて、そこには境界性を帯びた人たちがいっぱいいた。わかりやすいのは、映画の『もののけ姫』です。たたら場という鉄をつくっている村が舞台になっていますけど、あれもアジールです。あそこにはハンセン病の人や、さまざまなスティグマを持った人たちが集まってきて、庇護《ひご》されています。駆け込み寺や楽市楽座、神殿、たたら場など、逃げ込んで隠れ家になる場所、それがアジールです。

現代にもさまざまなアジールが生まれています。ひと頃、流行《はや》っていましたけど、会社に行く前に仲間で集まる「朝活」なんかもそうです。仕事とは違った自由な空間というのを人々は求めているわけですよね。あるいはオンラインサロンとかも、普段とは違った人間関係、縦のつながりじゃなくて横のつながりでちょっと自由になれる場です。バーもそうだし、勉強会や同窓会などもアジール感があります。

僕たちはアジールをつくり出し続けながら暮らしている。ここはアジールですとは書いていないけど、そういう場所に行くと、普段の生活から免責される、庇護される、隠れることができる。そういうところを、おそらく僕たちは「居場所」と呼んでいるんだと思うんです。

もう一つ、居場所を考える上で参考になるのがアサイラムという言葉です。これは社会学者のゴッフマンという人が使った言葉で、ゴッフマンは、トータル・インスティテューション（全制的施設）、つまり完全に人間を管理する場所のことをアサイラムと呼んでいます。これはアジールと違って、悪い意味があります。例えば、閉鎖病棟で外に出られない昔の精神病院とか、刑務所、あるいはナチスの強制収容所。入所した人は画一的な管理の下に置かれ、番号が割り振られて、一日のスケジュールが細かく決められている。そういう場所です。

現代社会はアサイラムがあふれています。大学に就職して知ったんですけど、入った初日に僕もタイムカードを渡されて、着いた瞬間にピッとやって、帰る時にピッとやる。みんな何時に来て何時に帰ったかというのを見られるようになっている。知り合いの会社ではパソコンにログインした瞬間から、何時何分にどんな作業をしたか中枢のセンターで全部管理されているらしいです。あと、大学は会計監査がすごく厳しくて、ボールペン一本買うのにも理由がいるんです。「研究とメモに使います」「本当にその二つだけですか」とか言って（笑）。

つまり、隅々まで管理の光が行き届いている。プライベートな空間が消えて、全部見られるようになっている。管理の光が行き届いているという意味では、病院、学校、会社も刑務所や強制収容所と一緒でアサイラムといえます。

ミシェル・フーコーというフランスの有名な哲学者が『監獄の誕生』という本の中で、「パノプティコン」について語っています。パノプティコンというのは一望監視施設のことです。真ん中に看守の部屋があり、全部ガラス戸で放射線状に監獄がつながっていて、看守室からはすべてが見えるようになっている。この建物の構造で重要なのは、監視する側はすべてが見えるけど、監視されている側は監視する人の姿を確認できないことです。だから、収容されている人は常に監視されているものと思って、逃げなくなる。こういうのをパノプティコンと呼んでいます。

僕の勤務している大学は、タイムカードでピッとやるんですけど、でもどう考えても、普段は誰もその記録をいちいちチェックしていないわけです。にもかかわらず、チェックされているのかなと思うと、やっぱり規則に従ってしまうんです。フーコーが言っているのは、こういうふうに僕たちが自分自身で、自分自身を見張るパノプティコンをつくっているということです。

## 癒やしを求めて逃げ込んだ場で厳重に管理される

アジールというのは駆け込んで逃げられる自由な場所、アサイラムというのは閉じ込められて、監視、管理される場所。実はこのアジールとアサイラムの語源は同じです。ギリシャ語のアシロスを、ドイツ語でいうとアジールで、英語だとアサイラム。だから、アジールとアサイラムは正反対のように見えて、実は同じものです。ここがおもしろい。

スーパー銭湯を思い浮かべてください。入った瞬間、受付で番号のついたリストバンドをつけさせられ、浴衣に着がえさせられます。館内で何を飲んだり食べたりしたか、マッサージはどのコースを頼んだか、すべての行動を番号で管理される。スーパー銭湯はアジールであり、アサイラムでもあります。つかの間の癒やしとケアされることを求めて逃げ込む場所であり、厳重な管理の下に置かれる場所でもあります。つまり、ケアと管理は表裏になっている。

だから、アジールだと思ったものがアサイラムに変容していくことがあります。本来は不透明な隠れ家のような場所で、お互いにあまり素性を知らないからちょうどいい居場所感があったのに、素性が知られて管理されるようになったら以前のような居心地のよさはなくなり、気がつくとアサイラムになっていた、というふうに。ここには危ういバランスがあります。この会もそうじゃないでしょうか？　自発的に逃げ込む場所のうちはアジールなのだけど、もし激しい運動を始めることになって出ていくことが許されなくなるとアサイラムになる。居場所のはかなさと難しさはここにあります。

ならば、どうすると、アサイラムになってしまうのか。僕はその要因の一つを「会計」に見ています。会計の知がアジールをアサイラムへと頽落《たいらく》させる。説明責任やコストパフォーマンスや効率性を求め、会計の光がくまなく照らす時、アサイラムが立ちあらわれます。

## コストパフォーマンスの行き着く先

津久井やまゆり園事件の植松容疑者（当時）が障害者の殺人を「生産性」というロジックで正当化していました。彼が考えているのはコストパフォーマンスの思想です。あの事件がものすごく大きな衝撃を与えたのは、事件の被害者の数の多さだけではなくて、犯人が言っていることが、僕らが普段考えていることと深く重なっていたからです。コストパフォーマンスをよくしましょうとか、効率性を上げましょうとか、説明責任を果たしなさいとか、僕らが普段考えているのと同じ発想を行き着くところまで展開させると、やまゆり園の事件になってしまう。

説明責任のことをアカウンタビリティーといいますが、アカウントはもともと会計という意味です。そういうことを書いたのが、グレーバーという人の『官僚制のユートピア』という本です。これ、めっちゃおもしろいです。一九七〇年代頃、未来は空飛ぶ車が走っていると予測していたのに、なぜいまだに走っていないんだろうか、ということを考えるのですが、自由なアイデアが満ちていたのに、官僚による支配でクリエーティブなことが起こりにくくなったからではないか、というようなことをグレーバーは書いています。官僚制的なものもアジールをアサイラムにするものの一つでしょう。

そうやって説明責任やコストパフォーマンスや効率性を求めて、誰がやったんだ、誰がどれぐらいやったんだ、と責任の所在を明確にしていくとアサイラム化していく。「これ、誰がやったんですか!?」と言っていた学級会と一緒ですね。僕らは本来民主主義を学ぶはずの学級会で、なぜかアサイラムのつくり方を学んでいるといってもいい。

## 存続を目指すとアサイラムになる

居場所の存続が難しいのは、自分たちでそれを壊してしまうということがあるからです。僕らが透明性を求めた結果、世界はアサイラムだらけになっていってしまう。自分で自分の首を絞めているんです。政府に対して透明性を求めるのは大事なことなのだけれど、同じ手段で僕たちは僕たち自身を透明に管理するようになってしまう。そうやってアジールはアサイラムへと頽落していってしまう。暗く不透明な場所は見えないからこそ隠れていられる場所だったのに、会計の光が入ることで、すっかりアサイラムになってしまう。

あるいは、アジールに予算がつくとアサイラムになる。商店街の寄り合い所みたいなところに区役所が予算をつけた瞬間に、そこには誰も寄りつかなくなる。サークルに大学が予算をつけた瞬間に、年間計画とか立てなきゃいけなくなって、人が寄りつかなくなってしまう。勉強会みたいなことも、半年も先の予定まで決めるようになるとアサイラムになってしまう。その都度、次回の予定を決めて、だんだん参加者が少なくなったらやめるというのがいいんです。
みんなが自由になれる居場所であるアジールは、存続を目指すとアサイラムになってしまいがちだということなんです。続けていかなくちゃと思った瞬間にとても窮屈になって、「何でこんなこと始めたんだろう」となってしまう。いつでもやめられる状態がいいんです。

## 居場所をどんどん乗り換えていく

では、アジールを守るためにどうしたらいいか。今、居場所が辛いわけです。居場所を守っていくのはとっても大変です。居場所は次々とアサイラムになっていく。ケアの場所は、管理される場所になっていく。だから、次々と居場所は消えていきます。

だけど、同時に居場所を失った僕らは、また新しい居場所を見つけます。アジールは人間の本能が求めるものだから、消えても、次々と発生してくるものでもある。ということは、僕個人は、どんどん居場所を乗り換えていったらいいんじゃないかと思っています。それがアジールを守ることになる。そのはかなさを受け入れて、アジールからアジールへと渡り歩いていく。

もう一つ、システムではなく、人がアジールを守るということです。システムにした瞬間に、システムが勝ってしまい、居場所はアサイラムになってしまいがちです。よいアジール、よい居場所というのは、だいたい、ちょっとカリスマティックな人がいるんです。ゆるいカリスマみたいな人気者がいて、その人のところに集うと何となく居心地がいい。「あの人がいるからな」というのがいいんです。ただ、これがきつくなり過ぎると、また別の地獄みたいなことになります。オウム真理教がそうでしたが、オウム真理教は横のつながりがなく、麻原彰晃《あさはらしょうこう》と幹部との縦のつながりしかなかった。だから、「あの人がいるからな」というのと同時に、横のつながりができるというのがちょうどいいんでしょうね。

結論です。居場所とは「いる」を庇護する場所である。「いる」を守る場所である。「いる」というのは依存、頼るということによって可能になる。依存を可能にするアジールは、透明度を求めるとアサイラムになりやすい。

だから、ちょっと怪しいくらいがいいのかもしれない。居場所は不透明なほうがいい。そういうアンオフィシャルなところがオフィシャルになっていくと、アサイラムになっていってしまう。難しいのは、それでも僕らは透明性を求めてしまうところがあることですね。僕らは清潔で潔癖になっています。不透明な怪しいものは何となく気持ちが悪い。だから、いろんなものが限りなく透明になっていく。そうなんですけど、最後の最後に、それでも不透明な場所というのを、僕らはおそらく「居場所」と感じるのだと思います。

トークセッション

# 東畑開人×入江　杏

## 自分の物語を語ることによる癒やし

**入江**　今日はいろいろ質問したいことがあるんです。まず、ご著書のことからよろしいでしょうか。こちら、『心理療法家の人類学――こころの専門家はいかにして作られるか』。心に響くフレーズがたくさんある本でした。アマゾンでは注文できなかったんですけど、売れ過ぎて品切れですか？

**東畑**　どうなんでしょうか？　ただよく欠品になるんですよね。でも今は入荷しているようです。

**入江**　アマゾンで買うと、アマゾンからお勧めが来るんですよね。またそこで買っちゃって……。

**東畑**　そうです、そうです。

**入江**　アマゾンで買うと段ボールがたまるんです。私は夫が亡くなってしまったのが二〇一〇年なんですけど、男手がなくなると、段ボールを片づけるのがすごい寂しいんですよね。

**東畑**　なるほど。

**入江**　段ボールを自分で片づけていると、グリーフがよみがえるというか。「ああ、夫がいたら、黙っていてもやってくれたのになぁ」なんて思って。それはともかく、この本は心の専門家についての本の翻訳ですね。

**東畑**　サイコセラピスト、心理療法家というのがどういうふうにしてつくられていくのかという話なんです。心理療法家は医者とはちょっと違うんです。医者というのは、試験に受かって、ある種の訓練プログラムを受けるとお医者さんになれますが、心理療法家は自分自身が治療を受けるんです。お医者さんは自分ががんの手術を受けなくてもがんの手術ができるけど、心理療法家は自分自身が治療を受けることを通して治療者になっていく。治療する側と治療を受ける側というのが同じものを抱えている。

不思議なことのように思えて、実は昔の治療者たちはそんな感じだったんです。例えば沖縄のシャーマン、ユタは自分自身が患者だった人が、ユタに治療してもらって、一緒にお祈りをしていくうちに、最後にその人は、神の声が聞こえるようになって、シャーマンになる。つまり、傷ついている人が癒やされる過程で自分が治療者になっていく。そういうメカニズムが僕らの治療文化の深いところに流れている。それを今でもありありと残しているのが心理療法家で、もう一つは自助グループですね。自助グループで自分の傷つきを語るということを通して、それに励まされる人がいて、あるいは、そのことによって自分の傷つきに気づく人がいて、それが回復につながっていく。ぐるぐる回る循環があるということが、心理療法家にも自助グループにも重なるところです。

**入江**　もう一冊のご著書、『野の医者は笑う――心の治療とは何か?』は内容も表紙の絵もとてもポップで魅力的ですね。

**東畑**　心理療法はある種、野性的な営みで、それが現代の社会の中でどういうふうに問題をやっつけていくんだろうか、みたいなことがテーマの本です。沖縄のスピリチュアルヒーラーといわれる人たち、前世が見えたり、天使を呼び出したりする人たちの荒唐無稽に見える治療法やケアで助かる人が確かにいるとすると、一体、心の治療って何なんだろう、僕自身がやっている精神分析とか臨床心理学とどう違うんだろう、ということをあーだこーだと考えた本です。

**入江**　それから、『居るのはつらいよ――ケアとセラピーについての覚書』は、連載で愛読していましたが、先生の語り方がすごくおもしろくて、ぐんぐん引き込まれました。

**東畑**　これは、先ほどお話しした沖縄の精神科クリニックのデイケアで働いていた時のことを書いたものです。不思議な場所なんですよ。ただ座っていることが仕事になるとかね。患者さん自身がものすごいギャグを言いまくって、スタッフもみんなで大笑いしたり。サイコセラピーやお医者さんは、治療者と患者というのがはっきり分かれているけど、デイケアの居場所というのは全部ぐちゃっとなっちゃうのがおもしろいところだと思って、そういうことについて書いています。そしてそこでいろいろと傷つきもあったので、そういうことを書きました。

**入江**　ちょっとほろ苦い、青春の喪失と成長物語ですよね。ほろっとする部分もありながら、楽しめる。こんなふうに書けたらどんなにいいか。まさに東畑ワールドですね。

**東畑**　自分の傷つきを、ほろっとしてもらえるように書いていく、あるいは楽しんでもらえるように書いていくということそのものが自分自身の傷つきを癒やしていく。

そういう構造があると思うんですね。結局、そのデイケアを僕も辞めるんですけど、そこで転職に失敗して、無職になってしまうんです。無職の時に、ちょうど研究費をもらったので、それを使って沖縄のいろいろなヒーラーのところに取材に行って、本にまとめたのが先ほどの『野の医者は笑う』です。仕事をなくすというのはやっぱり非常に辛い思いをするわけで、僕にとって深い傷つきだったんですね。それを本に書く中で、だんだん癒やされていった。他者が飲み込める物語として書くことには癒やしがあります。苦しいことを、他者が受け取れる物語として語っていくことによる癒やしですね。

### 「遺族業界」の不自由さ、居心地の悪さ

**東畑**　入江さんは、例えばテレビのドキュメンタリー番組に出たりすると、自分の物語が、他者のまなざしのもとで一つの物語として作成されるわけじゃないですか。それって、物語の主人公としてはどんな気持ちで見ているんですか。

**入江**　メディアのまなざしで、こちらの物語が描かれるわけです。私のことは、当然、犯罪被害者遺族のフレームにはめて見ていますから、その枠組みから逸脱するとは誰

も思っていない。例えば仮に、派手な帽子を被《かぶ》ったり、すごいコスプレで出たりしたら、違和感を抱くと思うんですね（笑）。メディアに出る時はドレスコード的にだいたい、黒を着ていますけど、名前すら出さず、顔出しもしていなかった二〇〇二年当時、初めてテレビに出た時に、被害者遺族の先輩みたいな人に忠告されました。「遺族の手許《てもと》って案外注目されやすいんですよ。とにかく指には気をつけてください」と。何のことかと思ったら、マニキュアのことなんですね。私はもともとマニキュアをする習慣はないんですけど、そんなことをいちいち言うのか、と驚きました。「遺族業界ではこういうことに気をつけたほうがいいです」みたいに言われて、「遺族業界」というのがあること自体にも衝撃を受けたんです。

**東畑**　ああ、なるほど。

**入江**　とにかく当時は、亡くなった妹一家のためにも、親族の私がきちんと振る舞わなくてはいけない、という思いがあったわけです。だから、「はい、わかりました」と、警察の言うことも、メディアの言うことも聞く。万が一何か言われるようなことがあってはいけないと思って、しばらくは外食もしない、お酒も飲まないくらい真面目に振る舞ったんです。その一方で、グリーフケアを学ぶと、自分の物語を自分でつくり、向き合っていかない限りは回復にはたどり着けないということもわかるんです。だから、借り物ではだめで、他者のつくった物語に乗る必要もないんです。それでも、例えば四〇分の枠を取ってテレビで放映するとなると、番組をつくる側に自然と協力しちゃうんですよね。

**東畑**　コミュニティーがあって、メディアのコードがあって、それもまたケアするものでもあるんですよね。業界というのは、その中にいる人を守るものなわけで。でも、同時に、マニキュアをしちゃいけないとか、ある種の不自由さとしても自分に降りかかってくる。ケアする者が傷つける者でもあるという、この二重性はすごく難しい問題ですよね。それと、物語というのは、自分だけの物語って本当にあるんだろうか、という問題もあるわけです。すべてオリジナルな物語というのはつくれるんだろうか。多分そうではなくて、何かの物語を自分の物語に重ねてみたりとか。

**入江**　おっしゃる通りです。

**東畑**　入江さんのこの本（『悲しみを生きる力に――被害者遺族からあなたへ』）でも、精神科医の宮地尚子《みやじなおこ》さんの環状島モデルが使われたり、昔あった物語に自分を重ねることが自分のケアになり、自分の物語を語ることでもあるんだけど、逆に、それがまた不自由さとしても経験されてくる難しさがあるなというふうに思いましたけど。

**入江**　そうです、そうです。この物語でモチーフになっているのは、『スーホの白い馬』という、もともとはモンゴルの民話です。世界各地に見られる喪失と再生の物語で、その意味ではユング的といったらユング的なんですけど。事件で亡くなった姪のにいなちゃんが描いたこの絵が、たまたま存在したので、私は私の物語にたどり着けたんですね。でもそれは私がオリジナルな物語をつくったということではもちろんありません。自分の心の表象としての物語、悲しみと和解するための、ケアの物語なんです。一方、メディアの人が、「入江さんは今日も事件を風化させないためにチラシ配りをしている」という物語を用意したとしたら、「いや、私、そこはちょっと違うんだけどな、これは何だかうそっぽいよね」と腑《ふ》に落ちないことはある。でも、そこを切るのはメディアの文脈としては、難しいんです。

**東畑**　今、お聞きしていて思ったんですが、入江さんのオリジナリティーというか、入江さんの言葉がいろんな方に届くのは、その居心地の悪さをずっと語っておられるからなんだと思うんですよね。ある種の物語があって、その物語からはみ出る自分がいるということを物語化していっておられるんだろうなと思って。それはすごく助かる物語なんです。

**入江**　そうなんですか。

**東畑**　僕たちには表と裏がある。人に見られる、人にアピールする、メディアの中にいる、あるいは流通している自分が一方にいて、その反対に、隠れた暗いところに人に見せない自分がいる。この両方がうまく機能していくと、僕らは健康に生きていられるんだけど、表だけになると、偽りの自己になるわけです。入江さんの場合は、おそらく裏の部分もちょっとにじみ出ている表をつくるという新しい物語。メディアが伝えるのとは違う、メディアに乗らない自分というのをお話しされているのかなと。

**入江**　なるほど。それで思い出したのですが、ある大学の先生から、「入江さんは細い道、隘路《あいろ》をたどっていくように書いていますね」と言われました。確かにそうなんです。いろんな人が傷つかないように書いていて。だけど、もうちょっといろいろ取材したり、自由に書いてみたいという気がないわけでもないんです。

**東畑**　隘路、すごく大事だなと思います。隘路というのは、つまり、ぐるぐる回って、どこにたどり着くかよくわからないんだけど、でも、自分なりに歩んでいくということですよね。先日、オンラインメディアの依頼で、ネットの記事を書いたんです。そうしたら、ものすごいオンライン記事風に直されちゃったんです。僕の文体が全部削られて、非常にシンプルな結論になって、タイトルも、転職の時代の云々《うんぬん》、転職しようぜみたいなニュアンスになって。それは、編集者がもっと多くの人に届くようによかれと思ってやってくださっているんですよ。僕、基本的に気が弱いんで、そう言われたら、そうかなと思って、合わせようかなと思ったんだけど、でもやっぱり、それは自分ではなくなってしまう。その記事自体はバズっても、自分のアイデア自体はバズらないというか。とすると、そんなに広くバズらなくてもいいので、隘路の中をぐちゃぐちゃ歩いていることそのものを書いて、届く人に届くというのが一番大事なスタンスかなと思ったんです。

**入江**　おっしゃる通りだと思います。私も隘路をたどっていこうとは思っているんです。でも、あんまりバズらないのも寂しいなという気もして。

**東畑**　そうそう。寂しい。図書館や書店に行くと、従来、自己啓発の本が置いてあったところに、今は起業のハウツー本や、ユーチューバーになって副業で成功しようみたいなビジネスの本が置かれている。どういうことかというと、内面の幸福を超えて、マーケットの中でどう自分が流通していくのか、どうやってお金を稼ぐのかということそのものが心の癒やしと密接に関わり始めているということなんです。こういうことを言うと、軽薄だし、怪しいんだけど、でも、流通する自分であるということの安心感、自己効力感というのは、まさに市場が全面化した時代の必然でもあるように思うんですね。逆にいうと、今、僕らはそれだけ非常に不自由になっているということですよね。何かにしがみつかなきゃいけない自分になっていて、流通できない自分に傷つく。すると、入江さんのおっしゃったように、寂しくなる。

## 一番頼りになるのはありふれたケア

**入江** 先生と読書会というか勉強会をやっているんですよね。一冊目がユング、二冊目が小此木啓吾《おこのぎけいご》さんの本で、三冊目が北山修《おさむ》さん。その勉強会の中で東畑先生がキーワードとして時々使っておられて、印象に残った言葉の一つが、「幻滅」です。

**東畑** 北山修というのは、ザ・フォーク・クルセダーズで一世を風靡《ふうび》した音楽家であり、その後、精神分析家になった人です。彼の学問の中心にあるのが、幻滅という考え方です。幻滅というのは何かというと、期待を抱いていたのを裏切られるということですね。北山先生が取り上げているのが『鶴女房』。『鶴の恩返し』です。『鶴の恩返し』は幻滅の物語なんです。いい女性が女房になってくれて、お金がなくなったら反物をつくってくれる。だけど、その姿を絶対に見てくれるなと言う。見るなと言われたら、人間は見るんです。見てみたら、女房は鶴だった。鶴が自分の羽を抜いて反物を織っていたという話です。その後、二人は別離してしまいます。北山先生がそこで何を語っているかというと、鶴だとわかったら、もう一緒にいられない。一緒にいられなくて終わってしまうのが『鶴女房』なんだと。日本人はものすごく幻滅に弱いんですね。不倫した芸能人って、テレビからいなくなっちゃうでしょう。日本人は、裏を見られると、恥ずかしくて消え去ってしまいたくなる。だけど、それってものすごく悲しいというか、弱いというか、辛い話ですよね。

例えば、不登校の子の学校に行けなくなったきっかけが、クラスでおもらしをしてしまったことだった。恥ずかしいところを見られてしまったら、もう二度と顔を出すことができない。そういうふうな傷つきに対してどう踏ん張って、そこにいられるかが僕らの人生には大事だ、ということを北山先生が語っています。僕もとてもそう思うんです。人間関係もそうじゃないですか。結婚式で、ほら、病める時も健やかなる時もと言うくせに、病んだらもう終わりみたいな。結婚式の夜から相手の嫌なところが見えてきて、幻滅の物語が始まっていくわけですよね。
でも、この幻滅に持ちこたえ、幻滅の中でもコミットし続けることには、報酬というか、見返りがあります。ある種の時間によって得られる安心感であったり、得がたいものみたいな。これは、僕のやっているカウンセリングでもとても大事なことなんです。患者さんはものすごい期待をして僕のところに来るんだけど、途中、ものすごく怒ったりするわけです。裏切られた、と言って。そこで普通の人間関係なら切れてしまうんだけど、カウンセリングでは、僕のどういうところに裏切られたのか、という話ができる。裏切られた上で話をしていく。これ、すごく大事なことなのではないかと思っているんです。

**入江**　犯罪被害者や遺族はカウンセリングで心のケアを受けていると一般には思われがちですが、実は私自身は心のケアってちゃんと受けたことはないんです。
うちの母は、どうしても心のケアを受けたいと言っていました。大きな学校の事件とか、いろいろな事件のあと、被害者の人たちが心のケアを受けているという報道に接して、「何で私だけ受けられないのかしら」と母が言うので、「じゃあ、受けたら」と、派遣してもらったんですけど、これなら受けないほうがよかったかも、と思うようなこともあって。母はケアを受けたあと不満ばかりで、結局、もういいですということになったんです。

**東畑**　すごく大事な話です。二つあって、一つはやっぱり、傷ついた分の怒りというものがあります。それはどこかに向かっていくわけです。怒りがまだ十分にご自身の中で整理されない中で、心を触られそうになると、触ろうとした相手に怒りが向かってしまうということがある。もう一つは、心のケアは基本的にトラウマに対する対処なんです。トラウマがあった時、やっぱり一番頼りになるのは、ありふれたケアです。まず、生活が取り戻される。自分の近しい人たちがわかってくれている。専門家がやってきて心の中を触るのは、もっとずっと後の話なんです。落ちついて普通に暮らせるようになって、周りが安心したぐらいの時、でも、自分の中にはやっぱり何か終わらないものがあるという時に、専門家のセラピーを受ける意味があるんです。いじめとかもそうだけど、トラウマの初期に専門家がやれることは、周りの人に「こういうふうに接しましょうよ」と教えることで、それが一番役に立つ活動です。

**入江**　そうですね、周りの人に「こういうふうに接しましょうよ」という適切な働きかけがあるのは、とても大事なことですね。

**東畑**　ケアする人たちをケアするということです。例えば、親御さんに、「もしかしたら、いじめの傷つきのある息子さんが家で暴れることがあるかもしれないけど、それはこういうことだから、そういう時はちょっとそっとしておきましょう」とかね。どう対処したらいいかを教えるというのが一番セーフティーだし、必要とされているんじゃないかなと思うんです。

**入江**　ただ、みんなケアしたいという気持ちはあるのに、今日のテーマのアジールどころか、声さえかけられない状況も見聞きしてきました。助けを求めたくても声に出せない、支援する人も、声をかけたいんだけど、それすらできない。距離が生まれてしまって……。肩に力が入り過ぎているんでしょうか。

**東畑**　それぐらい深い傷つきがそこにあるということなんですよね。その人を取り巻くいろんなものが、いろんなかたちで傷ついて、傷つきが満ちあふれていくということが起きる。だから、専門家や支援者との関係性や、当事者同士の関係性が難しくなる。傷つきというものを抱えていくというのは大変なことなんだと思うんですよね。

**入江**　先生の先ほどのお話にもありましたけど、やはり、ありふれたケアの大切さですよね。ありふれないように頑張り過ぎた結果が幻滅に至るという気もします。だから、月並みですけど、ありふれたことを大切にする。

**東畑**　日常ってものすごく貴重なんですよ。この仕事をしていると本当にそう思います。何かでバランスが崩れて、日常がだめになってしまう人がいっぱいいる。そういう日常を支えるのが多分ケアなんだと思うんです。お皿を洗うのは、ありふれたものを守ること。お皿を洗いましょう。

**入江**　そうですね、私はお皿を洗いますね。

**東畑**　じゃあ、僕は、段ボールを片づけます。

**入江**　ありがとうございます（笑）。

# 第五章　悲しみとともにどう生きるか

平野啓一郎

© 瀧本幹也

# 平野啓一郎（ひらの・けいいちろう）

小説家。一九七五年愛知県生まれ。北九州市で育つ。京都大学法学部卒。一九九九年、大学在学中に文芸誌「新潮」に投稿した『日蝕』により第一二〇回芥川賞を受賞。著書に、小説『葬送』『滴り落ちる時計たちの波紋』『決壊』『ドーン』『空白を満たしなさい』『透明な迷宮』『マチネの終わりに』『ある男』など、エッセイ・対談集に、『私とは何か――「個人」から「分人」へ』『「カッコいい」とは何か』などがある。

「カテゴリー」として扱われがちな被災者や事件の被害者

世田谷の事件は、僕にとっても非常に強い衝撃を受けた出来事でした。そのニュースを知った時、僕は二五歳でしたが、まさかこんなに長く未解決のままになるとは、当時は思っていませんでした。

改めて事件を振り返って、はっとさせられたことがありました。僕は今、四四歳ですが、宮澤みきおさんが亡くなられた時と同じ年齢です。僕にも子どもが二人いますが、八歳と六歳で、ちょうどにいなちゃんと礼ちゃんが亡くなった時の歳《とし》と同じなんです。そのことに、うかつにも先ほど気がつきまして、今現在の自分の生活に重ねながら思い返し、非常に胸が痛みました。

小説家という仕事は、実体験を書くこともありますが、基本的にはフィクションを書くという意味で、当事者ではないにもかかわらず、ある問題に関わっていきます。しかしそこには、当事者ではない人間が一体、当事者の心情や境遇をどこまで理解できるのかというジレンマがあります。その立場の人が読んだ時、「違う」と感じるのではないかという不安を抱えながら書いています。

最近でいえば、その問題を突きつけられたのは東日本大震災でした。震災はやはり非常に大きな経験でしたので、日本の文壇でもこの出来事を看過することはできないし、書かなければいけないという、ほとんど義務感のようなものがありました。

また、今はSNSなどもあり、被災直後から実際に当事者の方たちが声を上げている中で、果たして東京に住んでいる作家が乗り込んでいって、どういったことを書くことができるのだろうかと、震災へのアプローチは難しい課題となりました。

しかし、この問題を考えることには大きな意味があったと思います。僕たちは「被災者」という言葉でひとくくりにして、その方たちをどう描くかという問いの立て方をしてしまいがちですが、実際には小説というのは、個人を描くわけであって、「カテゴリー」を書くことはできません。男について書くとか、女について書くとか、被災者について書くというようなカテゴリーでは決して書けなくて、「何丁目の何番地に住んでいる何々さん」という固有名詞を持った具体的な個人からしか、物語は始まらない。それが小説のいいところだと僕は思っています。

そして、いざ小説を書こうと思うと、その被災者が、例えば福島で原発事故に遭った人なのか、それとも石巻で津波で唐突にご家族を亡くされた人なのか、あるいはその人自身が、九死に一生を得たのかなど、非常に複雑な物語がありえます。それを十把一からげにして「被災者」をどう書くかと議論すること自体が、ある意味でとても空疎なことになってしまいます。

僕たちは大きな事件や事故などのニュースを、実際はさまざまな立場があるにもかかわらず、一緒くたにして語りがちです。悲しむということ一つにしても、悲しみ方自体が多様であるにもかかわらず、僕たちはついそれをカテゴリーとして扱ってしまいます。

## 当事者でないからこそ書けることがある

震災に関しては、「当事者」と「非当事者」という二項対立的な考え方の中で、非当事者としてどういうふうに書くかということを悩んできたわけですが、いくつかヒントがありました。まず、当事者の気持ちはわからないのではないかと思い込み、こちらが何となく距離をとってしまうことは、果たして当事者に対して正しい態度なのか、そのことを問い直しました。

僕は三〇歳の頃、『決壊』という小説を書きました。非常に凄惨な殺人事件に巻き込まれた家族の物語で、主人公の弟が殺されてしまうのですが、その主人公自身が犯人ではないかと疑われ、警察で過酷な取り調べを受けるという筋書きです。息子を亡くした母親の気持ちや、家族を失った気持ちなどを徹底的なリアリズムで書きました。僕はその時、独身でしたから、いろいろな事件のご遺族が書かれた本を読んだり、直接、インタビューをしたりして、子どもを亡くした親の気持ちを想像して書きました。ただ、本当にこれが当事者の気持ちになっているんだろうかという不安もありました。

その後、自分が結婚して子どもが生まれ、必要があって『決壊』を読み直した時に思ったのは、親の心情として、これはかなりリアリティーがあるんじゃないかということなんです。自分の作品ではありますが。自分が子どもを亡くしたら、こういう心境になるのではないか、自分の子どもが人を殺したらこうなってしまうんじゃないかと思いました。しかし同時に、今、僕はもうこの小説を書けないとも感じました。というのは、実際に家族を持って、子どもが殺されたらどんな気持ちになるのかということをリアルに想像しようとすると、自分の子どものことが脳裏をちらついて、ちょっと耐えられないんですね。その時に、当事者ではないからこそ書けることがあるのではと考えました。

そうしたことを、ある時、東北でお会いした被災者の方に話したら、その人は、「SNSがあるから被災者は自分で声を発すると考えるのは、違うのではないか。もちろん当事者は非常に苦しんでいるけど、それを文章として書き表すことができるかどうかは全く別の問題で、現実が辛過ぎて文章に書くという状況ではない。だから、当事者ではない人が関心を持って、そのことについて書いてくれるのであれば、それは非常に心強い」というようなことを話されました。

この話を聞いて、当事者でなければリアリティーがないのではと尻込みして、そのことへの関わりを避けるより、本当はちょっと違うかもしれないけど、それでもどういう心境なのかとアプローチすること自体が重要で、特に小説家にはその義務があるのではないかと感じました。

## 同じ社会にいる人はみな「準当事者」である

震災の時にもう一つ思ったのが、「当事者」と「非当事者」という分け方を当たり前のようにしているけど、実際は「当事者」と「準当事者」と考えるのが正確なのではないかということです。というのは、「当事者」という存在が概念として成り立つのは、「当事者ではない人」との相関関係においてです。ということは、もう少し俯瞰《ふかん》した視点から見ると、当事者の周辺にいる人も「当事者ではない」というあり方でその問題に関与している。つまり、「当事者」と「準当事者」というかたちで問題を捉え直すべきではないか。社会の中には、「当事者」がいて、その同じ社会に住んでいる以上、「非当事者」というのはいなくて、それ以外は「準当事者」がいると考えるべきなのではないかと思ったのです。

全く関わりがなく、「準当事者」でもないという人は地球の裏側とか、どこかにはいるのかもしれません。むしろそういう人たちこそ、日本に取材に来て、日本の中にいる「当事者」と「準当事者」がうまく言葉にできないことを、外からの視点で報道することができる、ということもあるでしょう。

そう考えると、僕たちが例えば被災地の問題をうまく書けるかどうかと感じているのは、実は「非当事者」だから書けないのではなく、「準当事者」という微妙な関わり方だからこそ余計に心理的にうまく関与できないのではないかと思うわけです。

これについては、犯罪の問題を考える時にも同じようなことが言えるでしょう。「犯罪があって、被害者がいて、加害者がいて、周りの人は『当事者』ではありません」と、僕たちはつい考えがちです。けれども同じ社会の中にいて、一つの犯罪が起きて、その犯罪を起こしてしまったのがこの社会だと考える時、また、「被害者」「加害者」という「当事者」が、それ以外の人との相関関係の中で、そのようにカテゴライズされ、生きていくことになるのならば、僕たちは、「準当事者」としてその問題を受け止めることが重要なのではないでしょうか。

## 死刑制度への考え方

世田谷の事件は三人以上の方が亡くなっていますので、犯人が捕まれば、日本の今の裁判ではほぼ間違いなく死刑判決が出ると思います。日本では、だいたい三人以上殺すと死刑という量刑の基準がある。

僕自身は、死刑制度を廃止すべきだという立場です。しかし、最初からそう思っていたわけではありません。『決壊』を書く以前の二〇代ぐらいまでは、心情的には死刑制度の存置派――死刑制度に対して肯定的な立場の人たちに近いところにいました。単純にいえば、そんなひどいことをしているんだから、やっぱり死刑になるのが当然じゃないか、というような気持ちです。

ただ、そう公言していいのかということにもためらいがありまして、小説家として死刑制度に対する肯定、否定に言及したことはありませんでした。ずっと迷っていたといえると思います。

子ども時代から一〇代の頃は、単純に、ひどい犯罪をした者は死刑になるのは当然だろうという気持ちを抱いていました。ある事件が起きた時、しかも死刑かどうかが問われるような残酷な事件が起きた時に、誰が一番かわいそうかといえば、それはもう、殺された人に決まっています。それはどう考えてもそうだし、それと同じぐらいかわいそうなのは、殺された方のご家族とか友人、近しい人たちでしょう。心情としては、その人たちがかわいそうだということは、死刑制度に反対する立場になった今も変わりようがありません。

僕は一歳の時に父を病気で亡くしており、子どもの時から人間の死について考える機会が多くありました。とはいえ、子どもというのはなかなか死を理解できないんじゃないかという気がします。ただ、一応、「葬式仏教」程度ですが、家が浄土宗だったので、三回忌や七回忌、十三回忌の法事に親戚が集まって、坊さんがお経を上げると、普段は明るいうちの母も親戚の人たちもすごく泣くんです。その姿を見て、人が死ぬというのはこういうことなんだと幼心に感じていましたし、現に自分に父親がいないという事実も考えさせられました。

人の死というのは遺された人たちにどれだけ大きな心の傷や喪失感を残すのかということを、主に母の姿を見ながら経験してきましたので、ましてや殺人というかたちで家族を亡くした時に、それがどれくらい大きな悲しみであるかを想像すると、犯人を赦《ゆる》せないという気持ちは自然な感情として持っていたと思います。

しかし、先ほども申しましたように、小説家になってからは、ひどい罪を犯した人は死刑になるのは当然であると公言することにはためらいがありました。

僕は二三歳の時にデビューして、比較的早い時期に自作がフランス語などに訳され、海外のシンポジウムに招かれる機会が多くありました。ご承知の通り、ヨーロッパではすでにベラルーシ一国を除き、死刑制度は廃止されています。残っているのは日本を含めアジア諸国、中東、アメリカのいくつかの州というふうに、例外的なんですね。ヨーロッパの作家や文学関係者、アーティストたちとこのことについて話をすると、彼らは当然のこととして死刑制度に反対なのです。彼らは民主主義的で、ある種、文学者らしい寛容さというのを持っていて、その思想の中に、死刑には反対だという考え方が非常に無理なく、自然に収まっています。

僕は彼らの考え方にほとんどのところで共感しながら、自分はなぜ、死刑制度に関しては肯定的なんだろうか、ということを自問しました。正直にいうと、小説家として死刑制度に肯定的ですということを、本当に公言していいんだろうか、という社会的な顧慮のようなものもあり、同時に自分自身が明確な答えを出せずに悩んでいるということもあって、当時はそれに言及することはしませんでした。

ヨーロッパの文学の世界ではキリスト教の影響も大きいためか、『罪と罰』や『異邦人』

など、加害者を主人公にした名作が多いんですね。モーリヤックの『テレーズ・デスケルウ』は、不条理小説の先駆けのような作品です。テレーズという女性が自分でもよくわからない理由のまま、夫の食事に毒を盛り続けます。彼はだんだんと体調が悪くなり、あるタイミングで妻が毒を盛っていることに気がつく。親戚も含めて大騒動になるが、田舎の町なので体面を気にして、そのことは公にせず、同居を続ける。夫は妻を愛していたので、なぜ自分が毒を盛られていたのか全くわからないままです。その後、二人は別居してそれぞれの人生を歩むことにしますが、別れの時、夫は彼女を責め立てるわけでも、自分がどんなに苦しんだかを訴えるわけでもなくて、静かに話しながら、結局あれは何だったのかと彼女に聞きます。だけど、彼女はどうしてもそれをうまく説明できない。ただ、あなたの目に不安を見たかった、というようなことを語っています。

文章も巧みで、加害者に対するまなざしが物語に深みを与えていていい小説なんですが、その一方で、自分が家族を早くに亡くしたという立場で読んでいると、例えば『罪と罰』なら、ラスコーリニコフは強烈な主人公ではあるけど、殺された金貸しの老婆はどうなるかということが気になるわけです。実際、『異邦人』を、殺されたアラブ人の立場から書き直すという小説を発表したアルジェリアの作家がいます。これは話題になり、日本でも翻訳が出ました。

ともかく、文学史の中では、犯罪の加害者というのは名作とともに言葉を通じて存在しているのに対し、被害者というのは、十分に言語化されて存在してはいないのではないかということを感じていました。

## 「なぜ人を殺してはいけないか」への応答として生まれた『決壊』

九〇年代以降、日本には一種のニヒリズムが蔓延《まんえん》して、社会全体がどっちに向かっていったらいいかわからないような感じがありました。政治的には東西冷戦が終わり、それまでは日本は西側陣営についておけばよかったけれど、このあとはどういう立場をとるのか。経済的にはバブルが崩壊して、戦後ずっと右肩上がりで来た成長物語は終わり、これからどうなるのかわからなくなりました。そんな中、若者は就職難で自分が社会的に承認される機会を就職というかたちでは得られず、深刻なアイデンティティー・クライシスに陥る人たちが出てきた。九〇年代後半はオウム事件や阪神・淡路大震災など、日常的に信じていた価値観自体が揺さぶられるような大きな出来事もありました。

当時、いくつかショッキングな少年犯罪もあり、筑紫哲也《ちくしてつや》さんの『NEWS23』という番組で、作家の柳美里《ゆうみり》さんがゲストとして招かれ、若者たちと対話する企画がありました。その番組の中で、ある若者が、そもそも論みたいな感じで、「何で人を殺しちゃいけないんですか」と問いかけました。スタジオにいた大人たちはその問いに意表を突かれ、うまく答えられなかった。咄嗟《とっさ》に答えるのは難しい問いで、仕方ないという気もします。その後、このことは話題になり、宗教的な見地からとか、モラルの見地からとか、いろいろな人が反論を試みようとしました。

先ほども話しましたが、僕自身は三〇歳の頃に『決壊』という小説で、殺人とその被害者について書きました。この作品を通して、なぜ人を殺してはいけないのかという根本的な問いに対して、その理由を説得力を持って書きたいと思ってました。殺された人だけでなく、その家族や友人たちがどれだけ悲惨な目に遭うかということを徹底的に書くことで、「人を殺してはいけない」と小説で表現したいと思いました。

## 心から死刑は廃止するべきだと思った理由

ところが、その小説を書き終わった段階で、僕は死刑制度についても、その時の率直な気持ちを言いますと、嫌気が差したんですね。初めて心から、死刑はなくすべき制度だと思うようになって、主人公にもそういうふうに死刑制度に対して反対だと語らせていますけど、以後、公の場所でも、自分は死刑制度には反対ですと言うようになりました。

どうしてそう思うようになったか、理由があります。一つは、警察の捜査に対する強い不信感です。実際に取材をしていて感じたことでもあり、いくつかの明らかに冤罪《えんざい》と思われる事件の捜査を見ていても感じることです。例えば、袴田《はかまだ》事件の袴田さんの再収監が問題になっていますが、これは非常にずさんな捜査です。もちろん誰かが殺されて、犯人がいて、その犯人をどうするかということも深刻な問題ですが、何の罪もない人が、ある日突然、めちゃくちゃな捜査で死刑にされるということも同じくらい深刻な、取り返しのつかない問題です。自分の身に置き換えて想像すると、非常に恐ろしくなります。その絶望感は言葉に尽くせないでしょう。

もう一つは、「人を殺してはいけない」という絶対的な禁止に、例外を設けてはいけないという考えが自分の中で確かなものになったことです。人の命は、「場合によっては殺していい」という例外条項をつけていいものではない。ほかの犯罪、例えば、レイプや暴行傷害罪に関して、身体刑は禁止されています。強姦《ごうかん》をした犯人を誰かに強姦させて身を以って思い知らせるということはない。加害者を同じ目に遭わせてやりたいと思う人がいたとしても、国家としてはそれはやってはいけないということが了解されている。にもかかわらず、殺人に関しては、犯人も同じ目に遭わせないといけないということが、今も信じられている。

## 個人の責任に収斂させる死刑は国家の欺瞞《ぎまん》

『決壊』で、文学的に「悪」という問題について突き詰めて考えようとしていたのですが、最終的に、悪の問題というのは、文学のテーマとしては書きがいがないという感じを持ちました。結局、どこまでも問題が細分化されていって、最後は本人に「自己責任」として問いようがないようないくつもの原因に解体されてしまう。なぜそういう事件が起きたのかという理由が、拡散していってしまうんですね。特に大きい問題として、凄惨な事件を起こした人たちの生育環境が非常に荒れている事例が多いということがあります。その当時話題になったのは山口県光市の母子殺害事件で、若い母親と幼いお子さんが殺された非常に悲惨な事件でしたが、犯人の少年の生育環境も非常に荒《すさ》んだものでした。社会の中にいるその少年のような人、立法的な救済か行政的な救済か、何らかのかたちで救いの手が差し伸べられなければいけない人たちを、国家がある意味放置しておいて、実際に事件が起きたら、司法が死刑を宣告して、その人を社会から排除し、あたかも何もなかったかのような顔をする。それは国家の欺瞞なのではないか。

　その理屈がまかり通るのであれば、行政と立法の機能が堕落して、ひどくなればなるほどますます犯罪を起こす人は出てくるし、それに対して、司法が淡々と死刑という判決を下して社会から排除していくという悪循環が続くことになる。社会の責任が大きいような環境で育った人が罪を犯した時、それをその人の「自己責任」にすべて収斂させて、死刑にすることで終わらせてはいけないのではないかと考えます。

　逆に、その個人に大きな責任が帰されるべき犯罪、非常に倫理的に堕落して、その個人こそが悪いといえるような犯罪もあると仮定します。その場合、国家が同じ次元にまで、つまり、事情があれば人を殺してもいいという次元にまで堕落していいのでしょうか？我々の共同体は人を殺さない。一人ひとりの人間は基本的人権を備えていて、生存については絶対的に保障されている。我々の社会はそういう社会であるという前提は、例外的にそれを破る人が出てきても崩してはならないはずです。だから、あなたは人を殺したかもしれないけど、我々の社会はあなたを殺さない。それが我々の社会です、ということを、あくまで維持しなければならないのではないか。おまえが殺したから俺もその次元にまで下がっていって、同じように殺すということは、許されることなのか？

何かよほどの事情があれば人を殺していい、という思想自体を社会の中からなくしていかないと、殺人という悪自体が永遠になくならないのではないかと考えるわけです。

## 死刑制度は犯罪抑止にならない

二〇一九年に神奈川県川崎市でひきこもりだった人物が無差別殺人事件を起こした時、ある父親が、自分の息子も長年ひきこもりなので、そういうことをしてしまうのではという不安を抱き、実際に子どもを殺したという事件がありました。その時にも、息子を殺したのはやむをえなかったのではないかという声が社会の中にありました。息子に手をかけたお父さんの苦しみというのも察するに余りあります。ひきこもりの問題と直面してきたご心労もあったでしょう。しかし、やはりほかに方法があったのではないかと考えるべきで、「よほどのことがあったのだから、殺すのも仕方がなかった」という肯定の仕方は、間違っているでしょう。

死刑を肯定する立場の人の中には、人は死に直面すれば反省する、自分の死に直面させることによって犯人に反省させるというようなことを言う人もいますけど、本当にそんな都合のいい物語がありうるのか。死刑囚にも、自分の死が怖いという感情を抱く人と抱かない人がいるでしょう。「拡大自殺」という言葉がありますが、死刑になりたいからテロのような事件を起こして、みんなを巻き添えにするという人もいます。本人が死刑になることを願って事件を起こしているので、この場合は死刑制度が全く犯罪抑止にはなっていない。死ぬ覚悟で罪を犯しているので、死に直面した時に怖いという感情を持つかどうかもわかりません。仮に死ぬのは怖いという感情を持ったとしても、自分が死にたくないという気持ちと、自分が殺した人がどんな気持ちだったかということが、そんなに簡単に交換可能に結びつくことなのか。僕は懐疑的です。他者を理解するということを、そんなに粗雑に考えられるのか。

### 犯罪被害者へのケアが不十分

『決壊』を書く時に、全国犯罪被害者の会の集会に、一参加者として行く機会がありました。その時は、附帯私訴制度という裁判制度を実現することが一つの目標になっていて、自民党の政治家が何人か来ていました。集まっている方たちはそれぞれ非常に辛い思いをされた方たちで、死刑制度存置派の方が多いようでした。彼らが遺族であるにもかかわらず裁判にうまく関与できない状況になっているという説明を聞きながら思ったことは、日本では犯罪被害者に対するケアがあまりにも弱いということでした。実際にいじめられるとか、名前を公表することのリスクとか、悲惨な事例がたくさんあります。

被害者がほとんど社会からケアされていない状況では、「死刑制度は反対」とか「加害者にも人権はある」という声に、社会は非常に強く反発します。「被害に遭った人たちはあんなにかわいそうな目に遭っているのに、何で加害者の人権が守られなきゃいけないんだ」と。僕はこの反発は、ある意味では一理あると思います。しかし、よく考えてください。被害者のケアを怠っているのは、国だけじゃありません。「準当事者」である僕たちですよ。僕たちは、ニュースで見た犯罪被害者のために、一体、何をしているのでしょうか？

死刑制度は、ですから、もし反対するにしても、被害者のケアの充実を第一に図っていかない限り、加害者の人権をどうするのかということに国民の感情的な理解がついていかないのではないかと思っています。本当は、人権概念の理解の徹底こそが重要ですが、しかし、感情的な問題も無視はできません。

と同時に、先ほども言いましたように、僕たちのこの社会の中で起きた犯罪に対して、「非当事者」という人はいなくて、みんな「準当事者」なわけです。僕たちは国のいろいろな制度を通じたり、社会的、あるいは私的な関与を通じたりして、当事者である犯罪被害者の方たちの悲しみを癒やすことへの参加が重要なわけですが、実際にはそれはなされていません。その代わりに、被害者の気持ちになり代わって、「犯人を死刑にしろ！」と言って終わりです。被害者はあくまでカテゴリーとしての被害者であり、みんな犯人を赦せないに決まっている、と思い込んで疑いません。

小説の取材の過程で、ご家族を殺人事件で亡くされた方にお話を伺いましたが、その人は「犯人を殺したいとは思わなかった。もちろん赦せないという気持ちはあるけれど、死刑にしてほしいとは思わなかった。ところが、そういう話を人にすると、自分の家族が殺されたのに、犯人を殺してやりたいと憎まないのはおかしいと言われた。そう言われたことで、ただでさえ家族を失って傷ついているのに、二度、自分は非常に深刻に傷つけられた」ということを話されました。もちろん家族を殺されて、犯人を絶対に死刑にしたいと考える人もいますが、死刑にしてほしくないという人もいるのです。

## 犯罪の被害者の心の中に芽生える感情は複雑

加害者の死刑を望まないことと、赦すことは違うと思います。赦すというのは非常に大きな決断で、被害者の方にいきなりそこまで求めることは無理なのではないか、それこそ残酷ではないか。僕自身、例えば、家族を殺されて、その犯人を赦せるかというと、その自信はないです。一生赦すことはできないだろうと思います。被害者が赦せないとしても、無理もないでしょう。その点では、同じく死刑廃止を求めている人たちと、僕は少し意見が異なるかもしれません。

ただ、それと、犯人を殺してほしいということはやはり区切けて考えるべきだと思います。犯人が死刑になった後、ご遺族がそれで本当に区切りがつけられたのか、何らかの慰めなり癒やしが得られたのかどうかということは、ジャーナリズムの一種のはばかりからか、怠惰からか、それほど具体的な追跡調査がなされていません。ですから、社会は勝手に、遺族は死刑にならないことには収まりがつかないし、死刑になったらそれで一つ区切りがつくと考えて、犯人が死刑宣告を受けて死刑にされたら、途端に遺族のことはすっかり忘れてしまいます。しかし、実はその時にこそ、遺族は社会の中で最も孤独を感じているかもしれない。加害者を憎むということにおいてのみ被害者の側に立った人たちは、加害者に死刑が執行された途端に、被害者への興味を一切失ってしまいます。もし自分の家族が殺されたなら、という仮定は、一体、何だったのでしょうか?

また、死刑が区切りになるかどうかということとは関係なく、とにかく関わりたくない、死刑も望まず、赦すなんてこともちろんできないけど、とにかくもう思い出したくない、別の人生を歩みたいという方もいらっしゃいます。

死刑で一件落着、それが一つの区切りになるなどという考え方で犯罪被害者の方のすべての感情を物語化することはできない。誰かと話をしたいとか、じっくり一時間、二時間、話を聞いてもらいたいとか、孤独に寄り添ってほしいとか、事件のこととは関係なく、楽しくごはんでも食べに行きたいとか、被害者というカテゴリーにくくられたくないとか……、それは当然、さまざまです。だけど、「被害者の気持ちを考えたことがあるのか」と言う人は、そのうちの「憎しみ」の部分にしか興味がありません。それ以外の部分で、被害に遭った方の悲しみをどういうふうに癒やすのかということには、全くコミットしようとしないわけです。これが非常に大きな問題ではないかと思います。

ですから、事件が起きた時には、被害に遭った方に社会全体で、準当事者として関与していくべきですし、その時に、悲しみの底にある被害者の個々の心情がどのようなものであるのか、静かに考えてみなければなりません。その上で、犯罪を犯してしまった人も、この社会から生まれてきたわけですし、この社会には、一人ひとりに人権が認められているのだから、それは絶対的に例外なく侵してはいけないものだということを認識しなければなりません。何か事情があれば人を殺してもよい、という発想自体を否定していくことが、未来の被害者を生まないためには重要なはずです。

### 「赦し」と「罰」は同じ機能を果たす

赦しということに関してつけ加えますと、ハンナ・アーレントは『人間の条件』という著作の中で、赦しと罰というのはまるで正反対のことのように思われるけれど、何かを終わらせるという意味でいえば、実は同じ機能を果たしているという趣旨のことを述べています。つまり、憎しみが連鎖して報復合戦が続いていく中で、どこかで終わらせるために、一つは、第三者が罰を与えて、この一件は終わりにしようという方法があり、もう一つには、赦しを与えることでそれを終わらせる手段とするというものです。その赦しという社会的機能を発見したのがナザレのイエスという人だった、というのがアーレントの解釈です。

アーレントはこうも言っています。人間というのは活動している限りは必ずエラーを起こす。それをみんなが一生担い続けながら生きていこうとすると、社会は非常に不自由な世界になっていく。そこで赦しというものに意味があるのだと。

もちろん、現実には「どうしても赦せない」という感情は当然ありえます。重要なのは、大きな辛い経験をした被害者の方が、それにもかかわらず、犯人を赦すというかたちでその事件を克服したいという心境に至った時には、社会全体がその人を、あたたかい尊敬の気持ちで称賛し、抱擁すべきだ、ということです。

赦すということに対して、「あなたは亡くなった人に対する思いが薄いんじゃない？」などと非難するのは、あってはならないことです。言われたほうはたまりません。そうなると、赦すというかたちでこの苦しみを終わらせたいと思っている人が、終わらせることができなくなってしまいます。

ですから、被害者の方が、非常に大きな辛い経験をした後に、それでも犯人を赦すというかたちで、この事件を克服したいという心境に至った時には、社会全体が、よくそういう気持ちになりましたねと抱擁し、背中をさすってあげるやさしさが必要なのではないでしょうか。いや、それでも犯人を赦すなんて信じられないという人は、もう一度、被害者の気持ちになってみたら、という仮定について考えてみてください。憎しみは、理解できるから、共感する。けれど、赦しはわからない、と突き放しますか？　偽善であり、本心じゃないはずだと批判しますか？　しかし、他者を理解するというのは、自分が決して理解できないことを理解しようと努めることではないでしょうか。

## 共感や同情ではなく、人権を権利の問題として捉える教育が必要

何度か言及していますが、こうして死刑制度の問題を考えてみても、日本は人権というものに対する教育に失敗していると思います。最近もある地方自治体の人権週間で講演をしてほしいと招かれ、小学生、中学生が人権週間の作文を読んでくれたのを聞きました。もちろん、みんな自分が日々、感じていることを基に立派な作文を書いていましたが、その多くは、例えば、「好きじゃない友達を仲間外れにしてしまった。相手に嫌な思いをさせて悪かった。これからは自分と合わない友達とも仲よくしていきたいと思います」という感じの作文でした。

僕自身が小学校で受けた人権教育を思い返してみても、結局のところ、人権というのが

よくわからないままだった気がします。小学校の教育の中で多かったのは一種の感情教育で、人がそういう時にはどんな「気持ち」になっているかを考えてみましょうとか、「自分が嫌なことは相手にもしてはいけません」という心情教育に偏っていました。他者に対する共感の大事さを説くばかりで、人権という、権利の問題としてきちんと教育されてこなかった気がします。実際、講演の時の作文も、「相手の気持ちを考えず、嫌な気持ちにさせてしまってすごく悪かった」という結論に至っているものがほとんどでした。この感覚が大人になるまでずっと続いているので、不祥事で政治家や企業の社長が謝罪する時にも、その理由は「不快な気持ちにさせてしまったこと」です。

もちろんそれも大事なことです。僕が小説家としてやっていることも、読者が作中のいろいろな人物に共感することを通じて、こうあるべきじゃないかということを考えてもらうことです。それは、小説を読むということにおいては不可欠ですから、共感能力の重要さを否定する気はさらさらありません。しかし、人権というのは権利の問題で、共感というのでは非常に弱いところがあります。例えば、サディスティックな人がいじめをやっているとすると、それは相手が嫌がっているのがわかるからこそやるわけです。苦しんでいいるのを見て、それこそが楽しくて、ますますいじめてやろうと思う。ですから、相手の心がわかればいじめや暴力がなくなるかというと、それは必ずしも歯止めにはならない。

誰かをかわいそうだと感じる気持ちももちろん大事だし、それ自体が今の日本社会の中で衰退してきているのは危機的と感じます。例えば、外国人技能実習生たちがとんでもなくひどい目に遭っているニュースを見ると、かわいそうだと感じないのかと思います。しかし、かわいそうだけでは、結局、あのような事件を防ぐことはできないわけです。権利の問題として捉えないといけない。

かわいそうかどうかということは非常に主観的なことです。「あいつがいじめられていて、ちょっとかわいそうだけど、しゃべり方が生意気だし、あいつにも責任がある」などと思い始めると、傍観者の中でかわいそうという気持ちが薄れる。そうなるといじめられている人に対する同情が弱くなって、いじめを防ごうということにはならなくなります。

それが結局、大人になるまで続いて、社会全体に広まっているように感じられます。例えばNHKの番組で、格差社会の中の「相対的貧困」といわれるような状態の人たちの特集があって、そこに登場した女の子の部屋の棚に漫画が並んでいた。そうすると、「貧困っていっているけど、漫画を読んでいるなんてぜいたくだ」「世の中にはもっと大変でかわいそうな人がいる」と、主観的な話になってバッシングが起きる。結果、こんな人たちは別に救う必要がないとか、特集する必要はないといった否定的意見が出てきます。

これは生活保護バッシングにも似ています。「生活保護とかいいながらパチンコしているじゃないか」と。「同情に値しない。かわいそうじゃない」「自己責任だから、そういう人たちを救う必要はない」という論調が日本社会の一部に強くあります。これもやはり、人権の問題としてその人たちの生存を考えているのではなく、かわいそうかどうかという共感の次元で捉えてしまっているがゆえに起こっていることです。

## 「負け組」に対する積極的な否定論

格差の問題についてもう一言つけ加えておきますと、ゼロ年代になって格差社会論というのがやかましく語られるようになりましたが、その中でよくいわれたのが、「勝ち組」、「負け組」という言い方です。これは僕の記憶では、最初は企業に対していわれた言葉でした。小泉改革時代に竹中平蔵が音頭を取って、これからは貯蓄の時代ではなくて投資の時代だ、郵便局や銀行にお金を預けて眠らせておくんじゃなくて、株を買って資産運用しなさいということを、口喧《くちやかま》しく言っていました。ところが、バブルの二番底というのが一九九七年ぐらいに来て、山一證券が倒産したり、九八年頃から就職氷河期が本格化したりして、社会の中でもバブル崩壊の後遺症がずっと続いていた。そんな中で、株なんかやったことのない国民が、いきなり株をやれと言われても、どこに投資していいかわからない。そこで経済誌などが、バブル崩壊後も優秀な経営者が自助努力を重ね、株価が再び上がっている企業を「勝ち組企業」、経営者がだらしなくて、物言う株主もいなくて、どんどんだめになっている企業を「負け組企業」として取り上げて、投資するなら勝ち組企業に、と素人向けの株講座のような記事をたくさん書きました。経営努力によって、それだけ勝ち負けの差がついているという理屈です。

これが新自由主義的な風潮の中でいつの間にか人間についてもいわれるようになり、豊かな生活をしている人は勝ち組、貧しい状態の人たちは負け組で、負け組の人たちは努力が足りない怠け者だというような論調が社会の中で語られるようになりました。

日本はずっと長い経済的な不況の中にいますが、細かく見ると、二〇〇四、五年あたりに少し景気がよくなった時がありました。その時にいわれた格差社会論や自己責任論はどちらかというと、お金持ちというのは努力しているし、金儲けをするのは悪いことではないという勝ち組擁護論でした。背景にあるのは社会ダーウィニズムで、頑張れば金持ちになれるし、頑張らない人たちはほうっておいたらそのうち社会的に淘汰《とうた》されていくけど、それも自己責任だから、仕方ないという、「冷たい消極的な否定論」でした。

ところが、二〇一一年に震災が起きて、日本は一体になって頑張らなきゃいけないというある種のナショナリズムが高揚した。それ自体はあの時期、必要だったと思いますが、個人の生活よりも国のことを考えなければいけないという風潮が醸成された頃、日本の財政状況が非常に厳しいということをみんなが意識し始め、国家の予算を何に使うかということに過剰に意識的になっていった。その時に、社会保障費を使うことに激しく反発する人たちが出てきました。予算を誰に使うべきかに関して、使われる対象をセレクトしようとする動きが出てきて、それが外国人の排斥や、生活保護の人たちにお金を使うことに対する批判など、いろいろなものにつながっていく。自己責任で病気になった人や貧乏になった人は社会保障費や医療費を通じて「国に迷惑をかけている」連中で、お金持ちたちが払った税金をその人たちが食い物にしていると非難するようになった。それはゼロ年代のほうっておくというような「冷たい消極的な否定論」ではなく、「熱い積極的な否定論」です。この変化が、ゼロ年代から一〇年代の変化ではないかと思います。それはもはや新自由主義というより、一種の全体主義ではないかと思います。

### すべての人の基本的人権を尊重するという大前提

税金の使い道ということでいえば、アメリカの兵器をたくさん買うことや東京オリンピックなど、やめたほうがいいことはたくさんあるわけですが、そういうことにはあまり批判が盛り上がらない。それに対して、たばこを吸っていた人が肺がんになって病院にかかるというと、昔なら「たばこを吸った本人のせいかもね」と言われるぐらいのところが、受動喫煙という身近な批判を経て、今では「税金の食い潰しだ」「何でその人たちの医療費を自分たちが払わなきゃいけないんだ」というような積極的な非難につながっていっている。要するに、その人たちはかわいそうではない、同情に値しないというわけです。

こうした論調には明らかに今の政府、与党の影響もあります。自民党の世耕《せこう》参議院議員は、生活保護受給者には「フルスペックの人権」を認めることはできないなどということを堂々と言って、辞職もせずにいます。だけど、「フルスペックの人権」というのは何なのでしょうか。一体、人権の中の何を停止するということを彼は言おうとしたのでしょうか。非常に愚かです。

人権というのは、一人ひとりの人間が生まれながらにその生命を尊重されて、それは誰からも侵されないという権利で、ヨーロッパの思想史の流れの中で考えられたものです。人類の歴史の流れによっては、人間は生まれながらに差別されるのは当然で、一部の人だけが富めばいいという社会がずっと続くこともありえたと思います。しかし、そうはならず、すべての人間が基本的な人権を備えていて、それは絶対尊重しなければいけないという思想に基づいて憲法をつくり、国家を成立させ、そして、国家権力はそれを侵してはいけないという仕組みをつくり上げていった。近代以降のその流れは、僕は基本的に正しかったと思っています。その思想を受け継いでいることを幸福と感じます。

人間には生まれながらにして権利があるという話は、フィクションといえばフィクションですけど、それをたくましい努力で守り抜こうとする思想は、偉大です。

実際には内戦が続いている地域など、基本的人権という考え方が通じなくて、国家が溶解したような状態で、ひたすら弱者が暴力の被害に遭っているという現実もあります。本当にそういう社会でいいのかと考えた時に、僕はやはり一人ひとりの人間は絶対に殺されてはいけないし、国家の主権者として生存権や社会権が守られているという大前提を崩すべきでないと考えています。

ですから、学校でいじめが起きている時に、かわいそうなことをしているからやめましょうと諭すことも大事ですが、まず、いじめるということは相手の教育を受ける権利を侵害していることだから、やってはいけないことだ、と教えなくてはならない。人を殺すというのは、その人が生まれながらにして持っている、誰からも生命を侵害されることがないという権利を奪うことだからやってはいけないことだと教えなくてはならない。

心情的な教育というのをやりながら、一方で、すべての人は、社会の役に立とうが立つまいが、そんなことは関係なくて、生まれてきたからには、自分の命は誰からも侵害されない権利がある、という原則を子どもたちに教えることが非常に重要です。

その上で、僕も自己反省的に、そもそも、どうして自分は子どもの頃、人を殺した人は死刑になっても当然だと思っていたのだろうかということを考えてみました。一つには、漫画やアニメ、テレビの時代劇などで悪者を成敗する勧善懲悪のストーリーが戦後ずっと続いていて、その刷り込みがかなり強いのではないかと思います。漫画や小説などのフィクションが与える影響というのは馬鹿にできません。

## 自死して償うという日本的発想

それから、宗教的な問題というのはどうしてもあると思います。ドストエフスキーの『カラマーゾフの兄弟』という小説の中で、イワンというニヒリストの登場人物が、あの世があって、最後の審判があって、自分の行いが現世では完結せずに神の国で審判が下されるというのであれば、やってはいけないことはあるけど、もし宗教がなくて、あの世がないのなら、この世で何をしたって許されるじゃないかという思想を語ります。

日本の場合は、全体として見ると曖昧な仏教徒が多いというぐらいの宗教的な状況の中で、あの世があるのかどうなのかについては、それほど明確な意識があるわけでもないし、最後の審判という概念があるわけでもない。そういう中で、起きた出来事は社会の中で責任をとってもらわないといけないという発想が非常に強い。あの世で報われるか罰せられるかということを想像しにくい人が多いからこそ、制度的に一種の「地獄」を現世の中に内在させないといけないんじゃないかという発想がある。それが死刑制度だと思います。

これもまた文学の話になりますが、自殺の問題を主題にして、『空白を満たしなさい』という小説を書きました。その時にも考えたのですが、ヨーロッパの文学には自殺する登場人物というのがちょくちょくいるんですよね。『アンナ・カレーニナ』『若きウェルテルの悩み』『魔の山』、ドストエフスキーの『悪霊』にも自殺する人が出てきます。これらの自殺をする登場人物たちは、だいたい、個人として追い詰められて自殺することが多い。

ところが日本では、死に社会的な償いの意味が込められ、腹を切っておわびをするという考え方があって、個人として追い詰められたからというだけではなく、共同体に対する責任のとり方として自殺をする。

それと表裏をなすように、死刑制度に関しても、とにかく一種の社会的な償いとして死ぬべきであるという考え方が強くあります。

社会に命を差し出すことが償いになるという考え方自体、僕たちが本当にそれでいいのか、その考え方は僕たちの社会を今後続けていく上で正しいのかどうか、もう一度問い直す必要があると思います。

## 社会の分断と対立の始まり

僕たちは一人の人間としてこの世に生まれてきて、その命というのは絶対に尊重されなくてはいけない。それを奪うことはいかなる場合も許されない。徹底して、すべての人の命の価値は保障されなくてはいけない。役に立つから生きていていいとか、役に立たないから死ななきゃいけないなんていう理屈は間違っていて、それよりもはるか以前に、人間の生は肯定されるべきものです。自分の命は誰からも侵害されないという権利があることを、まず認識する。その上で、実際に生きていく上で、どういうふうに自分という人間を把握し、生きていくかということになります。

ノーベル経済学賞を受賞した経済学者で思想家でもあるインド出身のアマルティア・センが『アイデンティティと暴力』という本を書いています。その中で彼は、なぜインドで深刻な宗教対立や民族対立が起きるのかということに関して、個人を一つのアイデンティティティーに縛りつけてしまうことがすべての社会的な分断、対立の始まりだと分析しています。

社会を分断させたい人、あるいは対立させたい人にとっては、個人が単一のアイデンティティーに収まっていることが何よりも重要なんだと言うんですね。あの人はキリスト教徒、あの人はイスラム教徒というふうに単一のアイデンティティーにくくりつけてしまう。あるいは、あの人は死刑存置派、あの人は死刑反対派というふうに。そこから際限のない対立が始まってしまうわけです。

センは、さらにこう続けます。実際には、人間というのは非常に複雑な要素の集合体である、と。

ある人はプロテスタントであり、同時に二児の父親で、野球はヤンキースを応援していて、音楽はジャズが好きというふうに、一人の人間は複雑な属性を備えている。そうすると、死刑制度を支持するかどうかというような一つのトピックに関しては対立する部分があるけど、音楽の話をすると、「俺もあのバンド好きなんだよ」と共感する部分があったり、「実は北九州出身で、俺もあの先生に習ったんだ」と、複数対複数の属性を照らし合わせると、どこかにコミュニケーションの可能性を見出しうる。

センは、そこに対話の糸口があり、そこを通じてコミュニケーションを図り続けることによって、一つの対立点で社会が分断されそうな時にも、別のところで人間同士のつながりが可能になるということを言っています。

これは非常に重要なことです。僕たちは単一のアイデンティティーや、単一のカテゴリーに自分が押し込められることに非常に不自由を感じます。実際には自分にはもっと多様な面がある。犯罪の被害に遭われた方のことも、「犯罪被害者」というふうにカテゴリーとしてつい語ってしまいますが、その人の中にも、一方で会社員であったり、昔の友達とわいわい楽しく過ごす時間もあったりというふうに、複雑な顔があるわけです。

## 対立点からではなく、接点からコミュニケーションを始める

僕は政治的な立場は多分、中道左派ぐらいだと思っているのですが、例えば、すごく保守的な、政治的には自分とは全く相容《あいい》れない人と会った時、いきなり一番対立している政治問題から話を始めると険悪なムードになる可能性が高いです。その後で音楽の話題にな

って、「マイルス・デイヴィス、好きなんですよ」なんてその人に言われたら、「何でこんなやつにマイルスのことがわかるんだ」と思うかもしれない。せっかくの接点も台なしです。だけど、最初にまず接点のほうから話し始めて、「マイルスのあのアルバム、好きなんですよ」と言われたら、「いいですよね、あれ！」と共感し合って、それから、政治的な話に移っていけば、自分とは相容れないと思う考えでも、「そういう見方もありますかね」と、少しマイルドに受け止めることができる。

一人の人間は複数の属性の集合体であり、どこかにチャンネルが開かれている、とセンは「属性」という言葉を使っていますが、僕は「分人」という言葉を用いてちょっと違ったアプローチで議論しています。僕たちは、社会の多様性を認めましょうということを言っていて、インターネットから現実の世界までいろいろな場所があり、いろいろな人がいます。そうすると、どこに行っても俺は俺、私は私というふうに一本調子で我を通してコミュニケーションを図ろうとしても、なかなかうまくいきません。ある人と、最初は当たりさわりのない話から始めるけど、この人はこういう話題に興味があるんだなとか、それこそ共通点を探したりしながら、何度もコミュニケーションを繰り返すうちにだんだんうまくいくようになる。そうすると、おのずとその人の前ではこういう話をしたり、こういう態度になったりするというふうに、その人向けの自分になる。コミュニケーションを交わしていけば、その人の影響を受けて、「そういう物の考え方もあるんだな」と思ったり、あるいはこちらが言ったことが相手に影響を及ぼしていって、話を聞いていたら、「それはこの前、俺が言った話じゃないか」というようなこともあるわけです。

人間は、決して分断されて自分の中で完結しているわけではなくて、コミュニケーションの中で外部と混ざり合っていく他者性が自分の中にあります。そうして混ざり合っていく中で、僕たちは他者に対して柔軟にコミュニケーションを交わしていくことができるし、その結果として僕たちの中にはいくつかの人格が一種のパターンのようにしてできていく。僕はそれを、個人という概念に対して、分人と名づけているのです。

## 分人の集合として自分を捉える

僕たちは、生まれてから死ぬまでずっといい人たちとばかり接して、ずっといい環境にいて一生を終えられるのであれば結構なことですが、現実にはそうはいかない。嫌な人と接しなくてはならないこともあるし、嫌な職場で働く時期もあると思います。

その時に、自分というのはあくまで分けられない一つの存在で、私は私だというふうに考えると、非常に辛い目に遭った時、それが自分の全体に対する否定的な感情に簡単に結びついてしまう。例えば、学校でいじめられているとか、職場でパワハラを受けていることを自分の全体の問題として受け止めると、生きているのが辛くなる。あるいは、そういうふうにいじめられるのは、自分に問題があるのではないかと感じてしまう。

けれども、分人という考え方を用いて、対人関係や場所ごとに自分を分けて相対化してみれば、会社の時の自分はすごく辛くて嫌だけど、家で家族といる時の自分はストレスなく生きていて、辛くないと思えます。大学時代の気の置けない親友と会っている時の自分はすごく好き。そんなふうに思うことができれば、今、辛いと思っているのは、あくまで会社にいる時の自分だというふうに相対化できるわけです。そうすることで、自分の全体を否定してしまうような感情や、自殺の衝動を抑制することができる。問題は会社にいる時の分人なのだから、今の会社を辞めて、その分人を生きることをしばらくやめて、もう少し心地いい分人を生きる時間を増やしてみよう、というふうに人生を具体的に変えていくことができるのではないかと思います。

## 人生の経過とともに分人の構成は変わっていく

僕はそういう話を学校などでする時には、円グラフを描いてもらうことにしています。別にそれは人に見せなくてもいいので、自分の中の分人の構成を描いてみましょう、と。そうすると、学校でAくんといる時の自分、自分をいじめているBくんといる時の自分というのがある。そこで円グラフを一緒に見ながら、「Bくんと一緒の時の自分というのは嫌かもしれないけど、円グラフの中のたったこれだけの部分のために自殺するのは、好きで楽しく生きているほかの自分を全部巻き添えにしてしまうことになるので、もったいないよね」という話をします。

それから、僕自身も中学時代の自分の円グラフを描いて、もう一つ、現在の自分の分人の構成を円グラフとして描いて、二つを比べてみんなに見てもらうんです。現在の僕というのは、出版社の人といる時の自分、妻子といる時の自分、外国人の友達と一緒にいる時の自分というふうに、すごく複雑な分人の構成になっています。それに対して北九州にいた頃の僕は、学校にいる時の自分、家にいる時の自分、あともう一つぐらいで、非常に単純なんですね。分人の構成というのは全く変わっていきます。僕も中学の時にはすごく嫌な先輩とかいましたけど、さすがにこの歳になると、その人といる時の分人なんて影も形もなくなっています。だから、今、この辛い分人のために自殺してしまうのは、将来いろいろな人と出会って芽生えてくる自分の新しい面を全部巻き添えにしてなくしてしまうことになる。それもまた、もったいないことだよということを話すわけです。

長い人生の中で、ハイリスク・ハイリターンの一点投資で、この道さえ歩んでいけば間違いないみたいなことを考えようとしても、もう終身雇用も崩れ、社会も複雑化してきているので、難しくなっていると思います。ですから、人に頼らずに自分の力だけで生きていくというのではなく、自分自身を複数のプロジェクトとして捉えて、いろいろなことに関わって、いくつかの人と関係を持って生きていく。あえて言いますけど、いくつかの依存先を持って、たとえあっちの人との関係がこじれても、まだ何とかこの人との関係で生きていける、みたいな人間関係をいくつか持っているということが重要です。別にそれは二〇も三〇もある必要はないと思うんです。四〇人のクラスの中で三七人が僕のことを嫌いで、友達が二、三人しかいないと思うと非常に寂しい感じはしますが、自分が抱える分人の数を考えると、いろいろな人とつき合う自分が四〇個もいるのはかなり面倒くさい。気に入っている分人が二、三個ある、つまり、気の合う友達が二、三人いれば、それで十分な気もします。

自分が社会から尊重されることを権利意識とともに考えていくことと同時に、自分の分人の構成をある程度コントロールできるという状態が、人間の自由にとって重要なことだと思います。過酷な長時間労働で辛い分人が自分の円グラフの大半になり、本当はもっと友達と飲みに行ったり、家族と過ごしたりする分人の比率を上げたいのに、そうできないというのは自由が抑制されている状況です。あるいは、国から徴兵されて戦争に行かされると、戦場での分人の比率を一〇〇パーセントで生きさせられ、家族との分人が生きられなくなる。それは全く自由ではない。自分の分人の比率というのを自分である程度はコントロールできるような状態というのが人間の自由であって、それを実現するような社会制度というのはどういうものなのかと考える必要があります。他人に分人の構成を強いられるのではなく、自分でそのバランスを保てるようにするにはどういう社会であればいいのかということを考えながら、政治について考えたり、社会について考えたりすることが大事なのではないでしょうか。

## 愛する人を喪失した人へ

僕たちは自分が愛している人との分人を生きたいわけですけど、その相手を失うことによって、それができなくなってしまう。その辛さが愛する人を亡くした時の大きな喪失感ではないでしょうか。

だけど、生きている人たちとの関係の中で新しい分人をつくってみたり、今まで仲がよかった人との分人の比率が大きくなっていくことで、その後の人生を続けていくことができるはずだと思います。

そういう意味で、最初の話に戻りますけど、辛い状況にある当事者の人に対して、自分はどう接したらいいかわからないと立ち止まるのではなく、その人に辛い分人だけを生きさせないために、新たな分人をつくることができるような関与をすることが大事ではないでしょうか。

亡くなってしまった愛する人との分人に、第三者が関与できるかどうかはわからないです。けれども、その人がある時、ふっとそのことも含めて話したいという気持ちになるかもしれないし、そのことはその人との分人関係の中では話したくないと思って、黙っておくということもあるでしょう。それは相手の心情を推しはかり、話してくれれば聞きますよというかたちで接していくことが必要だと思います。

僕の話は、ひとまずここで終わりたいと思います。今日の話は、『私とは何か――「個人」から「分人」へ』という新書などにも書いていますので、物足りなかった人はぜひそちらのほうを読んでいただきたいと思います。今日はどうもありがとうございました。

トークセッション

# 平野啓一郎×坂倉杏介×入江 杏

**坂倉杏介**（さかくら・きょうすけ）
一九七二年生まれ。慶應義塾大学大学院後期博士課程単位取得退学。博士（政策・メディア）。現在、東京都市大学都市生活学部准教授。専門はコミュニティマネジメント。

## ものを残すということ

**坂倉** ここからは、平野啓一郎さん、入江杏さんと一緒にお話を進めていきたいと思います。私は、港区と慶應義塾大学の共催によるコミュニティーの拠点「芝の家」の運営を通し、地域コミュニティーの形成過程などを研究している東京都市大学准教授の坂倉杏介といいます。私が「芝の家」で開いている講座に入江さんがご参加くださったご縁で、本日はご一緒させていただいております。早速ですが、杏さんは、平野さんの「分人主義」という考え方にとても救われたとおっしゃっていますね。

**入江** そうなんです。私は、カメラを向けられると、つい「犯罪被害者遺族」らしいことを言ってしまうんですね。でも、いつも「遺族としての自分だけではないのになぁ」という思いがありました。

一方で、参加させていただいた坂倉先生の講座では、私が犯罪被害者の遺族だということを知らない方々がほとんどで、被害者としてではない「私」を認めてくださったんですね。これはまさに平野さんの「分人」という概念を実感した体験だったと思います。そこで私の中に新しい分人ができ、自分が変容した時間だったなと感謝しています。

**坂倉**　あの講座は、職業やどんな社会的な活動をしているのかといった属性のことはひとまず脇に置いておいて、「だいたいどの辺に住んでいます」といったところから入る場でしたね。こうした分人によって、一つのアイデンティティーに閉じこもる必要もなく、そこからいろいろなところに開かれていく可能性があるんだなと感じました。

ところで今、あの事件現場となった世田谷の家が取り壊しをされるかもしれないという事態になっています。平野さんはこの話は、どのように考えますか？

**平野**　ものを残すということに関しては、僕自身、いろいろ思うところがあります。

今、オリンピックの施設を、「レガシー」などと言って残そうとする動きがあります よね。でも、例えば新しいマンションに住もうと思った時に、前の住民が、「これは とてもいい机だからぜひ使ってください」と言って、そのまま残していったとしたら どうでしょう。新しく住む人にとっては、「いい机」とは思えないかもしれない。「こんな机は嫌だから、自分の好みの机を置きたい」という人もいると思います。

それと同じように、これからの時代を生きる人たちは、自分たちの世代の新しいものをつくっていきたいだろうと思います。何でもお仕着せで、「末永く大事にしなさい」と言って次の世代に渡すことには抵抗があります。

では、個人のすごく私的な思い入れに結びついたものはどうかというと、やはり「なくなってもらいたくない」という気持ちもあるとは思いますが、その一方で、「なくなってもいいのかもしれない」とも思います。

新しい人たちが、その新しい構成員の中で生きていく場合、自分の存在が忘れられるというのは当然なのではないか。そう考えることによって、自分が忘れられるという不安や寂しさを克服できるのではないかと思います。ただこれは簡単には一般化できないかもしれません。

以前、入江さんのお母様が、「もう事件のことを忘れたい」とおっしゃった時、入江さんは「忘れるべきではない」とおっしゃったと伺いましたが、それも非常によくわかります。そしてまた入江さんが、「忘れてもいいよと言ってあげてもよかったんじゃないか」と後悔されたのもすごくよくわかるんです。

僕自身は、自分が死んだら終わりだと思っていますが、例えば、僕が誰かに殺されたとして、その後、幽霊になってあの世から自分の子どもたちを見ていたとします。そして、子どもたちが父親を殺された恨みを抱えながら、人生の大半の時間を費やして生きていく姿を見たとしたら、僕は彼らに、「一度しかない人生だし、もっとほかのことに時間を使ったほうがいいよ」と声をかけてあげたいと思います。友達と飲みに行ったり、誰かを好きになって結婚したりと、事件のことはしばらく忘れて、心が軽くなれる時間を過ごすことも大事だよ、というふうに言ってあげたい。これは、あくまで僕のケースですが。

社会は、マスメディアで流される「事件を風化させてはいけない」というフレーズを自動的に繰り返しています。それはもっともなことですが、それを語る時に、そこに関わっている当事者の中にある複雑な心情をくんであげないと、当事者の方をステレオタイプに押し込め、かえって苦しみを与えてしまうことがあると思います。当事者が、自分の中でも矛盾する感情を持っていることはあるでしょう。そうした当事者に向き合う時、相手の一見矛盾しているような言葉を矛盾のまま受け止めるというような聞き方というのも大事ではないかと思います。

「忘れるべきではない」と「忘れてもいいのではないか」という、矛盾したものが入江さんの中で同居しているなら、その矛盾も一緒に共感し、分かち合うということが、話を聞く時の最初のところなのではないかと思います。

## 「自己責任論」への抵抗感

**坂倉**　私自身は、実家が世田谷で、あの事件は人ごとではないと感じていて、あそこで起こったことは忘れないようにしたいと思っているんですね。残された建物が遺族や関係者を縛りつけるものとしてあり続けるのはよくないと思うけれども、かといって何もなかったことにしていいのかという戸惑いもあります。ドイツ語だと、デンクマール（記念碑）に対してマーンマール（警告的記念碑）という言葉があります。悲惨な出来事を忘れないための記念碑という意味ですね。日本にはあまりよい例がなくて、あるとすれば原爆ドームぐらいでしょうか。本質的なものを共有するマーンマールを、杏さんの思いやこれまで議論してきたことを振り返りながら、時間をかけてどうしていくのかということを一緒に考えてみたいと思っています。

**入江**　平野さんがご講演の中でおっしゃっていた「準当事者」という言葉ですが、坂倉先生も準当事者として考えてくださって、本当にありがたいことだと思います。自分から人に対して、準当事者の意識を持っていただきたいというようなことを言うのは、私としては厚かましいのではないかという気持ちがずっとありました。被害者に頼まれると、公共心があったり、寛容であったり、文化的で人権的である人ほど断れないでしょう。だから、いろいろご迷惑かけて申し訳ない、こうした講演やイベントへの参加のお願いなども、「本当にすみません」と思うことも多々あります。でも、関わってくださる方がこうやって増えていっているのも、何か袖すり合う縁と思いたい。

デンクマールの話も出ましたけど、世田谷の事件は、日航機やJRの事故、オウムの事件などのような広範囲のものではなく、個人の家の破壊という意味では、自分の中ではあまり公共性はないと思っています。もちろん原爆ドームと比べるつもりはなくて、負の遺産として残すみたいなことを声高に言える立場でもないと思います。けれども、悲しみをどう刻むかということを、いろいろな世代の方々とともに考えていくというのは、私ができることなのではないかと思っています。

**坂倉**　そうですね。これは少しずつでもいいから、いろいろな人が準当事者として考えていけるといいなと思います。平野さんはいかがでしょうか？

**平野**　僕は、自己責任論に対して非常に強い抵抗を感じていて、それに反対する立場をとっています。犯罪というのは、ある意味でコミュニティーが引き起こしてしまった大きな問題なので、一個人を処罰すれば済むことではない。被害に遭って傷ついた人たちにはどういう関わり方ができるのか、その人たちを孤立させないためにはどうしたらいいのかということまで含めて話す必要がある。

ほかの人たちが「あの人たちは不運で残念だったけど、自分には関係ない」と思ってしまう雰囲気が、犯罪被害者の方を孤独にさせていると思います。ですから、これはコミュニティーの中で起きた問題として、そこで傷ついている人たちに僕たちがいろいろなかたちで関与できるように工夫すべきではないか。

この場は、その関与の仕方を考え直すきっかけにもなり、僕自身にとっても貴重な機会を与えていただいたと思います。きっと今、ここに参加してくださっている皆さんも今後いろいろなかたちでご自身の活動に反映されていくでしょう。この「ミシュカの森」は、こうした関与のあり方を考える場でもあると思います。

# 第六章　悲しみをともに分かち合う

## ——新たなつながりの場を求めて

島薗　進

## 島薗 進（しまぞの・すすむ）

一九四八年東京都生まれ。宗教学者。東京大学文学部宗教学・宗教史学科卒業。東京大学名誉教授。上智大学大学院実践宗教学研究科教授、同グリーフケア研究所所長。主な著書に、『いのちの始まりの生命倫理――受精卵・クローン胚の作成・利用は認められるか』『精神世界のゆくえ――宗教・近代・霊性』『国家神道と日本人』『日本仏教の社会倫理――「正法」理念から考える』『ともに悲嘆を生きる――グリーフケアの歴史と文化』『日本人の死生観を読む――明治武士道から「おくりびと」へ』などがある。

## 悲しみの響き合い

日々ともに生きてきた人との死別は、大きな衝撃となって人々を襲う。心に生じた大きな空白に、自らがからだごと吸い込まれるように感じる人もいるかもしれない。ある程度、人生を送ってからの親や配偶者との死別の経験でも悲嘆に向き合うのはたやすいものではない。早くに親を喪ったり、兄弟姉妹や子どもを喪ったりする経験は重い。悲嘆をもてあまして、いつまでも沈んだ心を鼓舞できないこともある。

家族だけではない。友人や学びの場や職場での親しい人との別れも辛いことがある。死別だけではなく、生き別れが耐えがたい悲嘆を招くこともある。近くに生きてくれてはいるが、心が通じ合わないための悲嘆もある。人だけではない。大事な生きがいや希望が見えなくなってしまった経験も死別の悲嘆と通じ合うものがある。グリーフケアはこうした喪失に胸を痛めている人、喪失から生じる悲嘆に苦しんでいる人に寄り添い、支えようとする活動である。

死者を弔う集合行動は動物にもあるのかもしれない。それは不確かでも、人類の歴史とともに古いことは想像できる。考古学的な遺跡から弔いや墓制に関する遺物が多数掘り出されてきた。葬儀や慰霊の儀礼は古来、さまざまに行われてきた。これらは、死別の悲嘆に対する癒やしのための社会装置と見ることができるだろう。

時代が下り、人それぞれの生き方が多様化するにつれ、集合的な弔いだけでは塞がった胸が開かないと感じる人も増えてくる。だが、魂の痛みや疼《うず》きのあるところ、それを感じ取り、ともに感じ合おうとする心の動きが生じ伝わっていく。それがともに悲嘆を経験するかたちとなり、癒やしと学びの場となっていく。

## 小林一茶『おらが春』

江戸時代の俳人、小林一茶（一七六三―一八二八）が『おらが春』を書いた時、そんな場を求めていたのではないだろうか。一茶の生涯は悲しみに満ちていた。「我ときて遊べや親のない雀《すずめ》」という句があるように、幼少にして母を喪い、継母に男児が生まれた。やさしかった祖母が世を去ったので、一〇代半ばで江戸に働きに出た。ようやく五〇歳を過ぎて初めて結婚したが、生まれてくる子どもたちは次々亡くなっていった。娘のさとを一歳そこそこで疱瘡《ほうそう》で喪った後、一茶は娘の誕生から死までの日々の推移と、思い起こされる俳句作品を集めて物語にまとめた。明らかに人々に読まれることを意識して、個人的な悲嘆をうたい上げたのだ。

露の世は露の世ながらさりながら

人のいのちは草花に結ぶ露のようにはかない。かねてより人はそのことを知り、この世は露の世のようなものだと伝えてきた。それはそうだと知ってはいる。だが、それにしても……と、一茶はうたった。この句をあげた後に、一茶はほかの俳人の句を八句引いている。加賀千代女《かがのちよじょ》の作とされるものは、よく知られた次のようなものだ。

子をうしなひて
蜻蛉《とんぼ》釣りけふはどこ迄行《までい》た事か

とんぼを探してゆく子どもは、今日は一体どこへ行ったのかと、不在のわが子を思う母の気持ちを表したものだ。ほかにも、次のような句が引かれている。

子におくれたるころ
似た顔もあらば出て見ん一踊《ひとおど》り　落梧《らくご》

娘を葬りける夜
夜の鶴土に蒲団《ふとん》も着せられず　其角《きかく》

愛子をうしなひて
春の夢気の違はぬがうらめしい　来山《らいざん》

一茶はここで、子どもと死別した経験をうたう俳人たちの作品を響き合わせている。そのようにして、悲嘆を分かち合う場を求めていた。ただ、この時代、それをすぐに書物にして刊行するというような下地はなかった。『おらが春』が刊行されるのは一茶の没後のことである。

「これはグリーフケアの書だ」などという人は、二〇世紀の終わりまでほとんどいなかった。今にして思えば、先駆的なグリーフケアの文学作品といえる。そのようにして、現代人が読み直しているのだ。

## グリーフケアの歴史と臨床ケア

グリーフケアというと、精神医学や心理臨床の場で行われるケアが思い浮かべられるかもしれない。確かに現代的なグリーフケアの起源を遡ると、一九一七年のフロイトの「悲哀とメランコリー」という論文に行き着く。フロイトによって、「対象喪失」とか、「喪の仕事」といったグリーフケアのキーワードが提示されている。大切な人の死によって喪われたものを尊びつつ日々を過ごす「喪」、その喪の期間にこそ心は愛の対象に向けられていたエネルギーを組み立て直す重要な「仕事」をしている。悲嘆は単に辛いだけの事柄ではない。

その後も、「病的悲嘆」とか「複雑性悲嘆」というように、専門家による治療を必要とするような悲嘆に注目する傾向が続いた。治療を必要として来診するようなクライアントとのやりとりを通して死別の悲嘆について調査し、論文を書き、困難な事例をどう癒やしていくかが理論化される。こうして、悲嘆・愛着・喪失の理解の深まりがあり、悲嘆を抱える人がどう立ち直っていくかが示され、対面診断・治療の現場で用いられていく。これがグリーフケアの理論が発展してくる基盤だった。

そこから大きな展開があったのは、一九七〇年代以降のことだ。六〇年代にはジェフリー・ゴーラーやエリザベス・キューブラー＝ロスが登場し、死生学的な展開があった。それによって、悲嘆を分かち合う場というものに関心が向けられるようになった。宗教的な儀礼が持っている意義やアートの意義も認識されるようになった。また、死を前にした孤独な人々が抱く思いを語り、聞くことの意義が認識されるようになった。

死生学の広がりは英語圏から始まったが、世界各地に広がっていった。日本でも八〇年代以降、死や死別について語った書物やアニメや映画などが増えていく。普通の人が死について思うことが、共同体を通してというより、メディアを通して共有される傾向が増していく。このようにメディアを通して死について思いをともにする傾向と、死別の痛みを分かち合う集いがあちこちで形成されていく過程が重なり合っている。

## 欧米と異なる日本のグリーフケアの展開

だが、欧米諸国ではグリーフケアというと、まず精神科医療や心理臨床でのそれが思い浮かべられる、という状況は続いている。これは一対一の心理臨床が早くから発達しており、心に痛みがあると心理臨床家に相談に訪れるのが普通のことになっている文化背景がある。悲嘆で相談に来るクライアントが多数おり、悲嘆専門の心理臨床家が多数いるという社会ではそうなることに不思議はない。

ところが、日本ではむしろ「集い」が思い浮かべられる。欧米諸国からの影響は大きいのだが、特に強い影響を受けたのは、米国オレゴン州ポートランドにあるダギーセンターだ。それに先立って、エリザベス・キューブラー＝ロスが末期がんのダギー・トゥルノ少年に親しく語りかけ、『ダギーへの手紙』という書物にまでなるという経緯があった。ダギーが一三歳で死んだのは一九八一年のことだ。その年、オレゴン州に治療に来たダギーの家族に、キューブラー＝ロスと親しい看護師のビヴァリー・チャペルが会った。死を強く意識しつつ他者への共感に満ちたダギーのまなざしに感銘を受けたチャペルは、翌年、悲嘆の中にある子どものための非営利の民間団体を始めることになる。これがダギーセンターの始まりだ。

このダギーセンターでは、親や子どもなどの家族を喪った子どもたちと保護者たちがサポートを受けている。子どもたちは一〇から一五人のグループに分かれ、ファシリテーターと呼ばれるボランティア五〜六人と職員一人がサポートにあたっている。一日の体験入学を経てサポートを受けることになると、三〜五歳、六〜一二歳、一三〜一八歳の年齢別に分けられ、さらに自殺、殺人、事故、病気といった死因別にも分けられる。子どもは隔週ごとに一回集うが、保護者は別の部屋で語り合いをする。日本からも研修に訪れる人が多く、現在、ダギーセンターに学んだグリーフサポートのグループが日本の各地で活動している。ダギーセンターのグリーフケアの特徴は、悲嘆を抱える子どもや親が集える場をつくることにある。

## 「ちいさな風の会」と「8・12連絡会」

日本ではグリーフケアが集いのかたちをとることが多かったことは、早い時期にグリーフケアを掲げる場となった「ちいさな風の会」についてもいえる（若林一美『死別の悲しみを超えて』岩波書店、一九九四年、岩波現代文庫版、二〇〇〇年）。一九八八年の一月から若林は「毎日新聞」に連載記事を書いていたが、その頃、一年ほど小児病院に通い続けていたことから、子どもの死に関する記事が多かった。この記事の読者たちから子どもを喪った親の会をつくれないだろうかという声が寄せられ、全国から一三人が集まって準備会がもたれた。一時は会員が二〇〇名を超え、「ひとり子との死別」、「事故や事件の被害者」、「自死した子の親の会」などの分科会も開かれた。『死別の悲しみを超えて』の本文の末尾で、若林は「『ちいさな風の会』の活動を通して学び合ったのは、まさに苦しんでいる時『共にある』ことの大切さであったように思う」と述べている。

一九八〇年代からの日本のグリーフケアの展開においては、災害、事故、事件の被害者や、ある種の死別などで同じ痛みを持つと感じる人々の集いが大きな意義を持った。一九八五年の八月一二日に起こった日航ジャンボ機の事故では、五〇〇人以上が亡くなったが、この事故の遺族の集い、「8・12連絡会」はグリーフケアの力強い磁場となっている。八月一二日には今も多くの人が事故があった御巣鷹山《おすたかやま》の尾根に登る。この集いのモチーフがグリーフケアにあることが次第に意識されていく。その後の阪神・淡路大震災（一九九五年）、JR西日本福知山線の事故（二〇〇五年）、東日本大震災（二〇一一年）などは、日本でグリーフケアが広まっていく上で大きなきっかけとなってきている。

## 悲嘆の文化の変容とグリーフケア

これを日本の文化史の文脈で見直すと、集合的な悲嘆の文化が変化していく過程と見ることができる。日航機事故で九歳の息子を喪った美谷島邦子《みやじまくにこ》氏は、その後の遺族の集い、8・12連絡会の世話役を務めてきた人だが、次のように語っている。

「さよなら」もないまま、健《けん》は一人で茜空《あかねぞら》に消えた。以来、私は、空を見上げるのは苦手だ。その母の悲しみを書きとめてきた。そうしているうちに、同じ事故で亡くなった520人のお母さんの存在が、日に日に大きくなっていった。一人ひとりのお母さんの悲しみが、つながっていった。

世界中で起きている戦争やさまざまな事故や災害、病などの不条理なことで子を失った母の悲しみも、重なっていった。

かつての日本人は、「家族の死に遭った時、じっと悲しみをこらえる」ことを美徳としてきた。「家族の死に遭った時の苦しみや悲しみを共有する」方法が地域社会に存在し、宗教、伝統、文化、地縁・血縁、大家族のなかで様々な形で伝えられていた。しかし、現在は都市化が進み、核家族が増え、身近な人とのふれあいや地域でのつながりが希薄になった。それにより、家族の死に遭った時、人との交流の中で、悲しみや苦しみを癒していくことも難しくなっている。（美谷島邦子『御巣鷹山と生きる——日航機墜落事故遺族の25年』新潮社、二〇一〇年、八ページ）

集合的な悲嘆と宗教文化は深い関わりを持っていた。個々人の悲嘆もほかの人々の悲嘆とともにある。人の心には悲嘆を通して察知される超越的な次元があって、宗教的な表象と結びついて伝承されてきた。社会がますます個人化され、「ともに分かち合う」ことがしにくくなっているが、宗教的な表象を引き継ぎつつ、悲嘆を「ともに分かち合う」新たな形が求められている。切実な欲求である。

地縁・血縁で、あるいは信仰をともにする者同士で、宗教儀礼を通してともに悲嘆を分かち合い、超越的な次元に何かを託すという経験が乏しくなってきた。そこで個人は悲嘆を胸の内に抱え込むことになる。一方、亡くなった死者との関係はこれまで以上に濃密になっている。つき合いのある人は多い。普段は仲間が多い、忙しいと思っている。ところが、とても大切な他者は多くない。数少ない深いつながりがあり、それは共同体に支えられていない。なので、それが喪われた時の痛みがことさらに大きい。

## 「ミシュカの森」の特徴と役割

このように考えると、現在、次々に立ち上がってきているグリーフケアの集いは、孤立化を招きやすい現代社会で、人々がつながり合う新たな場を求める運動の一角をなすものと見ることができる。入江杏さんの主宰する「ミシュカの森」はそうした新たなつながりの場の一つだが、独自の広がりを育ててきている。「ミシュカの森」は世田谷事件にちなんで毎年一二月に開かれているが、そこにはグリーフケアに関わるさまざまな集いの関係者が招かれ、また自発的に参加してきている。

事件被害者遺族の横のつながりだけではない。グリーフサポートせたがやのように、ダギーセンターから学んだ人たちによる地域の集いとのつながりもある。私が所長を務める上智大学グリーフケア研究所の関係者も、髙木慶子《たかきよしこ》名誉所長をはじめとして「ミシュカの森」との連携を大事にしており、それを通して学ぶところが多い。ケアの現場の苦労の中から集いの場を求めている人も多い。入江さんを通して、創造的なグリーフケアの場を持ち活動を展開している方々に出会うことで、私自身も大いに学ぶ機会を得ている。

研究者や教育者、医療・介護関係者、そして芸術家とも交流の機会を持ってきたのもこの集いの特徴だ。入江さんのお話には、『スーホの白い馬』という童話、その童話のワンシーンを描いた、亡くなったにいなちゃんの絵のことが出てくる。入江さん自身も『ずっとつながってるよ　こぐまのミシュカのおはなし』という絵本を刊行し、絵本・童話・物語を通して「グリーフケアとアート」という領域にも橋を渡している。

日本のグリーフケアは世界的にも独自の特徴を持ったあり方で展開しているように思う。

欧米、とりわけ英語圏の影響を受けながら展開してきた日本のグリーフケアだが、その宗教や文化の特徴や歴史的経緯を反映し、また関与する人たちのそれぞれの貢献によって、独自の展開をしている。日本のグリーフケアの相互交流から学んできたものを発信しつつ、他文化との交流も深めていくことが望ましい。「ミシュカの森」はこうした方向性を先取りしているが、今後、同様の方向性を持つ集いがさらに広がっていくことだろう。

# あとがき

入江 杏

子どもの頃、夏休みに海に連れて行ってもらいました。親戚一家も一緒の、年に一度の小旅行でした。宿泊先では妹も含め、年下の親戚の子どもたちや地元の子たちに交じって遊びました。えくぼがくっきり浮かぶ二歳下の妹は、大人たちからは、その屈託なさでかわいがられ、子ども同士ではすぐその場になじめる子でした。東京の繁華街育ちの私たち姉妹にとって、海は珍しく、とても楽しかった。

明日は東京に帰るという日。朝から海辺に出て遊び、午後になると、子どもたちは昼寝の時間と言われました。今思えば、大人たちは帰り支度をする都合で、子どもたちを寝かせておきたかったのかもしれません。昼寝をするほど幼くもないと思っていた私は、一人でこっそり蚊帳が吊《つ》られた宿の一室から抜け出しました。

もう一度、海を見たい。ハマナスが咲いている道をたどっていくと、目の前に、にわとりとひよこが出てきました。親子でしょうか？　しばらく一緒に歩いていると、後ろから追いかけてきた見知らぬおじさんが、突然、にわとりの脚をつかみ、目の前で絞めたのです。芙蓉《ふよう》や百日紅《さるすべり》が鮮やかに咲いている庭から不意に出てきたその人は、養鶏農家でもなかったように思います。私は驚いて、海辺まで夢中で走りました。賑《にぎ》やかだった海はすでにひとけもまばらでした。

あのにわとりはどうなったんだろう？　ひよこはどうなったんだろう？　波のうねりを見つめました。波が生まれては消えるように、命も生まれては消える。さまざまなものを犠牲にしながら、命は長らえる。当時、そんなことを言葉にして考えられたかはわかりません。ただ、夕焼けに染まって、ますます美しくなる海が、たまらなく恐ろしく感じられました。突然、「自分だけが幸せに生きていていいのか？」。そんな問いに襲われて、動けなくなってしまいました。

「自分だけが幸せになるんじゃなくて、どうすれば世の中がもっとよくなるんだろう」と最初に考えたのはこの時だったかもしれません。あたりがすっかり暗くなり、足元に潮が満ちた頃、私を探しに来た親戚のおじさんには、とても怒られました。

宿の夕餉《ゆうげ》には、海の幸や新鮮な野菜と一緒に鶏料理が並びました。あのにわとりとは関係なかったと思いますが、私は手をつけられませんでした。妹が私の分まで食べてくれたので、お酒を飲んで楽しそうな大人たちは、気にも留めなかったようです。その夜、妹には、私が感じた疑問を話しました。妹は「おねえちゃまは、にわとりやひよこを見てもそんなふうに考えるんだね」と言いました。縁日で買ったひよこや金魚をいつも上手に育てていた妹。あれこれ考えるより、命を慈しみ、育むことを何より愛していた妹。

生きることを本当に楽しんでいたのに。その妹があんなかたちで命を奪われるなんて……。一生懸命生きていた人、生きることを愛していた人が先に逝ってしまう不条理。

妹でなく、私が先に逝ってしまったほうがよかった……と生き遺ったものの罪責感にも苛《さいな》まれ、私はしばらく何もできませんでした。その私が、グリーフケアを通して、さまざまな悲しみを知り、学ぶことで、ようやく、幼い頃から持ち続けた根源的な問いへ立ち戻ることができたように思います。

被害者遺族となった途端に押し寄せてくる「被害者遺族らしく生きろ」という外圧が、その人本来の生き方を壊してしまうこともあります。私は、悲しみの体験を経て、本来の問いに立ち戻れたことにより、私らしい人生を取り戻すことができました。

あの夏の夜、妹が受け止めてくれた「自分だけが幸せになるんじゃなくて、どうすれば世の中がもっとよくなるんだろう」。この問いを自らに問いかけるのはもちろんですが、皆様にもご一緒に考えていただければと願っています。

最後になりましたが、新書化に際してご尽力いただきました、柳田邦男氏、若松英輔氏、星野智幸氏、東畑開人氏、平野啓一郎氏、島薗進氏の各氏に改めて深謝申し上げます。また本書刊行にあたっては、集英社新書編集部の細川綾子氏、TBSテレビの西村匡史氏、ライターの加藤ナオミ氏、そして上智大学グリーフケア研究所認定臨床傾聴士の神谷祐紀子さんに多大なお力添えをいただきました。心より御礼申し上げます。

各章の基となった講演は、左記の日程・場所で行われました。
第一章：二〇〇八年一二月二七日　玉川区民会館ホール
第二章：二〇一三年一二月七日　日比谷図書文化館大ホール
第三章：二〇一六年一二月二五日　上智大学
第四章：二〇一八年一二月九日　芝コミュニティはうす
第五章：二〇一九年一二月一四日　ビジョンセンター田町
第六章は書下ろし

写真・プロフィール、トークセッション　デザイン／MOTHER
構成／加藤ナオミ

**柳田邦男**（やなぎだ　くにお）

一九三六年生まれ。ノンフィクション作家。

**若松英輔**（わかまつ　えいすけ）

一九六八年生まれ。批評家・随筆家。

**星野智幸**（ほしの　ともゆき）

一九六五年生まれ。小説家。

**東畑開人**（とうはた　かいと）

一九八三年生まれ。臨床心理学者。

**平野啓一郎**（ひらの　けいいちろう）

一九七五年生まれ。小説家。

**島薗　進**（しまぞの　すすむ）

一九四八年生まれ。宗教学者。

**入江　杏**（いりえ　あん）

「ミシュカの森」主宰。上智大学グリーフケア研究所非常勤講師。

# 悲《かな》しみとともにどう生《い》きるか

集英社新書一〇四五C

二〇二〇年一一月二二日　第一刷発行
二〇二三年一二月三一日　第三刷発行

著者……柳田邦男《やなぎだくにお》／若松英輔《わかまつえいすけ》／星野智幸《ほしのともゆき》／東畑開人《とうはたかいと》／平野啓一郎《ひらのけいいちろう》／島薗《しまぞの》　進《すすむ》／入江《いりえ》　杏《あん》

発行者……樋口尚也

発行所……株式会社集英社
東京都千代田区一ツ橋二-五-一〇　郵便番号一〇一-八〇五〇
電話　〇三-三二三〇-六三九一（編集部）
　　　〇三-三二三〇-六〇八〇（読者係）
　　　〇三-三二三〇-六三九三（販売部）書店専用

装幀……原　研哉

印刷所……大日本印刷株式会社　凸版印刷株式会社

製本所……ナショナル製本協同組合

定価はカバーに表示してあります。

　ISBN 978-4-08-721145-0 C0211　Printed in Japan



a pilot of wisdom

好評既刊

集英社新書

## 哲学・思想――C

a pilot of wisdom

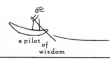

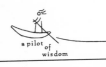